生产辅助技改大修项目典型方案

国网北京市电力公司　编

中国电力出版社
CHINA ELECTRIC POWER PRESS

内容提要

为提高生产辅助技改大修项目管理水平，国网北京市电力公司组织编写《生产辅助技改大修项目典型方案》一书，本书共9章，包括结构分系统、围护分系统（含室外）、电梯（机械车库）分系统、给水排水分系统、电气分系统、供热采暖分系统、空调通风分系统、建筑智能化（含消防）分系统和消防专项的典型方案。

本书可供从事生产辅助技改大修相关工作的管理及技术人员学习使用。

图书在版编目（CIP）数据

生产辅助技改大修项目典型方案 / 国网北京市电力公司编．—北京：中国电力出版社，2022.4
ISBN 978-7-5198-6560-3

Ⅰ.①生…　Ⅱ.①国…　Ⅲ.①电力工程—技改工程—项目管理　Ⅳ.①F426.61

中国版本图书馆CIP数据核字（2022）第038639号

出版发行：中国电力出版社
地　　址：北京市东城区北京站西街19号
邮政编码：100005
网　　址：http://www.cepp.sgcc.com.cn
责任编辑：肖　敏
责任校对：黄　蓓　常燕昆
装帧设计：赵丽媛
责任印制：石　雷

印　　刷：三河市百盛印装有限公司
版　　次：2022年4月第一版
印　　次：2022年4月北京第一次印刷
开　　本：787毫米×1092毫米　16开本
印　　张：9
字　　数：182千字
印　　数：0001—1000册
定　　价：50.00元

本 书 编 委 会

前　言

为加快推进国家电网有限公司（简称公司）后勤提质增效和高质量发展，适应公司建设具有中国特色国际领先的能源互联网企业需求，满足各单位因管理人员年龄结构、知识结构不均衡等存在的技术管理需要，提升公司生产辅助技改大修项目计划投入效益，辅助各单位更好地开展生产辅助技改大修项目管理，经充分调研公司各单位管理需求，国网北京市电力公司后勤工作部会同国网北京朝阳供电公司、国网北京丰台供电公司、国网北京怀柔供电公司，组织国网北京海淀供电公司、国网北京顺义供电公司、国网北京昌平供电公司、国网北京城区供电公司、国网北京大兴供电公司、国网北京检修公司、国网北京石景山供电公司、国网北京平谷供电公司和国网北京客服中心，开展《生产辅助技改大修项目典型方案》编制工作。

《生产辅助技改大修项目典型方案》共9章，包括结构分系统、围护分系统（含室外）、电梯（机械车库）分系统、给水排水分系统、电气分系统、供热采暖分系统、空调通风分系统、建筑智能化（含消防）分系统和消防专项的典型方案。通过分析各分系统历年维修、改造项目特点，调研各单位生产辅助技改大修项目管理需求，合理确定典型方案编制依据、编制结构、编制范围，优选典型设计方案和典型管理经验。

本书为国网北京市电力公司内部指导手册，由国网北京市电力公司后勤工作部负责解释和管理，在执行过程中的意见和建议反馈至国网北京市电力公司后勤工作部。

编者

2022年2月

目　录

第一章　结构分系统

第一节　概　　述

简介：结构分系统（见图 1-1），是指建筑物中由承重构件组成的受力体系，如基础、梁、板、柱、墙体（钢筋混凝土墙体和砌体结构的墙体）。在典型方案设计中，具体指项目维修改造时所涉及的全部结构主体部分，包括由于受到新的使用年限、抗震要求、建筑布局、功能调整（整体或局部功能调整）以及由于使用年份过长部分受力构件出现问题（例如出现较大变形、裂缝）等影响，而采取的对地基、结构基础、梁、板、柱、承重墙等的维修、加固和改造。

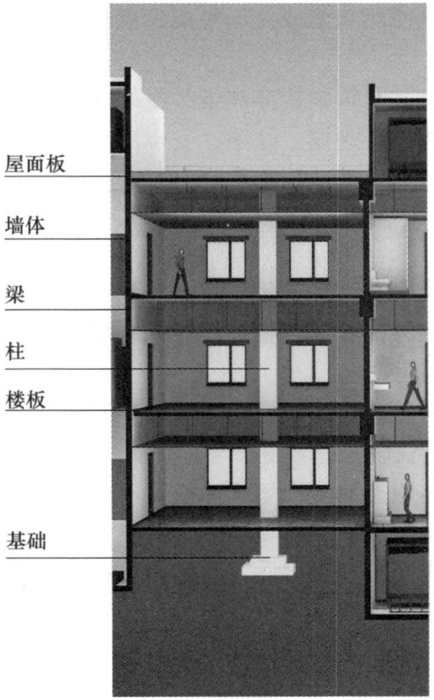

图 1-1　结构分系统示意图

一、技改大修原因、策略及流程

技改大修原因、策略及流程见表 1-1。

表 1-1　技改大修原因、策略及流程

子系统	技改大修原因	技改大修策略	流程
地基与基础	因国家政策或地方政府等强制性要求对未进行抗震设防的、未达到该地区抗震设防相关现行标准或遭受地震灾害的抗震设防区建筑物地基基础。 因建筑物使用功能或使用性质发生改变，造成基础荷载显著增加。 建筑物上部承重结构存在继续发展的侧向位移、较严重的振动或结构构件裂缝、缺陷；发生滑动且有再滑动的可能；出现不均匀沉降、整体沉降、无终止趋势的显著沉降裂缝	加固改造	（1）收集相关资料：主要包括原建筑结构设计资料和施工资料、设计施工变更资料、建筑用材料资料、竣工和验收资料、使用过程的有关情况、发现的质量问题、使用要求等。 （2）质量鉴定和检测：检测和鉴定应由具备相应资质的检测机构和鉴定单位完成；根据各分项指标及评定标准，得出建筑物的可靠性鉴定结论，并出具检测报告和鉴定意见书。 （3）制订加固方案：应综合考虑各种相关因素，进行方案的对比和优化，选择产出投入比较高、简单易行、质量易于保证、环境效益较好的方案。 （4）加固设计：加固设计包括被加固构件的承载力验算、构造处理和绘制施工图三部分；应注意新旧建筑结构的连接及协同工作，考虑施工的可行性，尽量详细地提出施工注意事项和施工先后顺序。 （5）施工与质量监督：施工应由具备相应专项施工资质的队伍完成，施工前应制订详细的施工组织设计和安全措施，在施工过程中发现与原设计不符情况和安全异常情况及时报告设计单位；可以委托有相关经验的监理单位进行监理，要求设计人员到施工现场了解施工情况，解决施工中存在的问题，对重要工程或工程的关键部位进行现场检测。 （6）竣工验收：加固工程竣工后，应由使用单位或其主管部门组织专业技术人员，包括设计、施工、监理等部门人员，严格按照有关加固工程施工或验收规范（规程）进行验收，出具竣工验收报告
承重墙、柱	因国家政策或地方政府等强制性要求对未进行抗震设防的、未达到该地区抗震设防相关现行标准规定或遭受地震灾害的抗震设防区建筑物。 因建筑物使用功能或使用性质发生改变，造成承重墙、柱结构上的荷载显著增加。 出现明显构造缺陷、危险性的腐朽、虫蛀或引起结构构件损伤的建筑物振动；出现不适于承载的明显侧向位移、裂缝或其他损伤；出现继续发展的侧向位移、较严重的振动或结构构件裂缝、缺陷		

续表

子系统	技改大修原因	技改大修策略	流程
承重梁、板	因国家政策或地方政府等强制性要求对未进行抗震设防的、未达到该地区抗震设防相关现行标准规定或遭受地震灾害的抗震设防区建筑梁、板进行抗震加固。 因建筑物使用功能或使用性质发生改变，造成梁、板结构上的荷载显著增加。 出现明显构造缺陷、危险性的腐朽、虫蛀或引起结构构件损伤的建筑物振动；出现不适于承载的明显挠曲变形、裂缝或其他损伤；出现继续发展的挠曲变形、较严重的振动或结构构件裂缝、缺陷	加固改造	
非承重砌体结构	因国家政策或地方政府等强制性要求，对墙厚不符合节能要求或隔声性能不满足使用要求的建筑物非承重砌体墙	拆除重砌或改造	
	因建筑物使用功能或使用性质发生改变，内部房间格局或空间重新划分；出现大面积墙体倾斜、裂缝	拆除重砌	

二、混凝土结构常用加固方法

混凝土结构常用加固方法见表 1-2。

表 1-2　　混凝土结构常用加固方法

序号	加固方法	基本概念	适用范围	优点	缺点
1	增大截面加固法	指用同种材料增大原构件截面积的一种加固方法	适用于梁、板、柱、墙等构件的加固，特别是原截面尺寸显著偏小的构件加固	有长期的使用经验，施工技术成熟，适用范围广，耐久性能好；可以提高构件抵抗变形的能力，增强所加固构件的承载力和稳定性	需要现场浇筑混凝土；工期长；构件尺寸的增大会减小使用空间、增大构件质量，可能会出现地基和基础承载力不足的问题，需进行基础加固

续表

序号	加固方法	基本概念	适用范围	优点	缺点
2	外包型钢加固法	指在钢筋混凝土梁、柱四周包以角钢的一种加固方法	适用于梁、柱、墙及梁柱节点等构件的加固	受力可靠，能显著增强构件的承载力；对使用空间影响小	施工要求高，需对混凝土表面进行打磨处理；角钢不易粘贴密实，外露钢件需进行防火、防腐处理
3	粘贴钢板加固法	采用结构胶黏剂将钢板粘贴于原构件的混凝土表面的一种加固方法	适用于钢筋混凝土梁、板、柱的加固	施工周期短，工序较少；原构件自重增加小，不改变结构外形，不影响建筑使用空间	有机胶易老化，不耐高温；钢板需进行防腐、防火处理
4	粘贴纤维复合材加固法	采用结构胶黏剂将纤维复合材粘贴于原构件的混凝土表面的一种加固方法	适用于钢筋混凝土梁、板、柱等受弯、受压及受拉构件的加固	质量轻、强度高，施工便捷，可曲面或转折粘贴；加固后基本不增加原构件质量，不影响结构外形	有机胶易老化，不耐高温；纤维复合材的端部如未进行可靠固定，易从混凝土表面剥离
5	增设支点加固法	采用增设支承点来减小梁、板实际长度的一种加固方法	适用于对使用空间和外观效果要求不高的梁、板等水平结构构件加固	受力明确，简便可靠，且易拆卸、复原	对使用空间影响较大
6	钢绞线（钢丝绳）网片-聚合物砂浆加固法	采用专用预制钢丝绳网片及其配件、混凝土加固专用界面剂、聚合物砂浆加固结构构件的一种加固方法	适用于钢筋混凝土板、墙体等受弯、受压及受拉构件的加固	对结构自重影响较小，基本不影响建筑物原有使用空间；可显著提高构件承载力和构件抵抗变形的能力	需要现场浇筑混凝土，工期长；不易充分利用高强度材料
7	外加预应力加固法	通过在构件外部施加预应力，使原结构、构件的受力得到改善或调整的一种间接加固方法	适用于原梁、板、柱抵抗变形的能力偏小、承载力偏低等情况下的加固	可以降低构件内力，提高构件抵抗变形的能力和承载力	设计、施工工艺复杂，新增构件需要进行防腐处理
8	结构体系加固法	采用新增结构构件（剪力墙等）或设施（阻尼器等）的办法，来改进与完善原有结构体系或形成较为合理的结构体系的一种加固方法	适用于原设计结构体系不合理情况下的加固	可以大幅度提高结构的整体性和抗震能力	新增构件可能会影响原房屋的使用空间和功能

注 以上内容参考《混凝土结构加固构造》（13G311—1）及其他相关文献整理。

三、砌体结构常用加固方法

砌体结构常用加固方法见表 1-3。

表 1-3 砌体结构常用加固方法

序号	加固方法	基本概念	适用范围	优点	缺点
1	增大截面加固法	指用砌块增大原构件截面积的一种加固方法	适用于砌体柱、墙的加固	施工简单，费用较低	增大墙、柱截面积后，占用建筑使用面积较多，影响使用功能
2	外包型钢加固法	采用角钢约束砖砌体柱或窗间墙，在卡紧的条件下，将角钢与缀板（两角钢之间的连接钢板）焊接连接成整体的一种加固方法	适用于加固砌体短柱或不允许增大原构件的截面尺寸却又要大幅提高承载力的砌体柱加固	施工简单、现场工作量和湿作业少，受力可靠	加固费用较高，并需要对型钢进行防火、防腐和防锈处理
3	外加预应力撑杆加固法	采用事先施加压力的角钢约束砖砌体柱，在卡紧的条件下，将角钢与缀板焊接连接成整体的一种加固方法	适用于 6 度或 6 度以下抗震设防地区，且要求所加固的砌体柱无开裂、腐蚀和老化，型钢撑杆传力可靠	属于主动加固，可以提高型钢材料的利用程度	施工工艺要求较高，适用范围较小
4	钢筋混凝土面层加固法	在砌体构件的侧面增设钢筋混凝土面层的一种加固方法，钢筋可以是钢丝网或钢筋网，混凝土可以是普通混凝土或喷射混凝土	适用于砌体柱、墙的加固，可以提高砌体结构的承载能力、变形能力和抵抗变形的能力，提高结构的抗震性能	施工工艺简单、适应性强、受力可靠、加固费用较低，有成熟的设计和施工经验	需要现场浇筑混凝土，养护期长，且安装箍筋和拉筋所需的凿洞工作量大；施工期间对工作或生活有一定的影响，且加固后的建筑物净空有一定的减少
5	钢筋网水泥砂浆面层加固法	在砌体构件的侧面增设钢筋网水泥砂浆面层的一种加固方法，钢筋网可以是钢丝网或钢筋网，水泥砂浆可以是普通水泥砂浆或聚合物水泥砂浆	砌体墙、柱的加固，可以提高砌体结构的承载能力、变形能力和抵抗变形的能力，提高结构的抗震性能	施工工艺简单、适应性强、受力可靠、加固费用较低，有成熟的设计和施工经验	需要现场砂浆施工，养护期长，且安装箍筋和拉筋所需的凿洞工作量大；施工期间对工作或生活有一定的影响，且加固后的建筑物净空有一定的减少

续表

序号	加固方法	基本概念	适用范围	优点	缺点
6	钢丝绳网–聚合物改性水泥砂浆面层加固法	将钢丝绳网片（钢绞线网片）敷设并固定于被加固砌体部位，再在其表面喷涂聚合物改性砂浆面层，固化后形成整体受力的一种加固方法	仅适用于烧结普通砖墙的抗震加固	对结构自重影响较小，由于面层厚度小，基本不影响建筑物原有使用空间，可显著提高构件的抗震性能	需要现场砂浆施工，工期长；高强材料强度不易充分利用以及高强钢丝端部固定问题
7	粘贴纤维复合材加固法	采用结构胶黏剂将纤维复合材粘贴于砌体结构表面的一种加固方法	仅适用于烧结普通砖墙的抗震加固	施工工艺简单，施工便捷，基本不改变构件外观	不能提高砌体墙的抗压承载能力，适用范围有限，有机胶易老化，不耐高温
8	增设扶壁柱加固法	在被加固砌体墙体一侧或两侧增设壁柱，壁柱材料可以是砌体或混凝土	增设砌体扶壁柱仅适用于6度或6度以下抗震设防地区，增设混凝土扶壁柱适用范围不受限制。主要用于提高加固墙体的稳定性、承载力和抗震性能	施工工艺简单	需要现场砌筑或混凝土施工，且安装拉筋所需的凿洞工作量大；施工期间对工作或生活有一定的影响，且加固后的建筑物净空有一定的减少；需要专门设置基础
9	增设圈梁加固法	在建筑物楼板处，原墙体周围增设圈梁（连续不间断的封闭梁）的一种加固方法，圈梁一般采用现浇钢筋混凝土圈梁，也可采用钢板–砖组合圈梁，或钢拉杆圈梁	适用于原砌体结构中无圈梁或圈梁不符合相关现行设计规范要求或房屋整体性较差时	可以与构造柱一起提高结构的整体性和抗震性能，提高应对不均匀性沉降的能力	需要现场湿作业，工期长，施工期间对工作或生活有较大的影响
10	增设构造柱加固法	在建筑物墙体侧面增设构造柱（与墙体共同受力，不单独受力的柱）的一种加固方法，构造柱一般采用现浇钢筋混凝土构造柱，也可采用钢板–砖组合构造柱，或钢筋网复合水泥砂浆构造柱等	适用于原砌体结构无构造柱或构造柱设置不符合相关现行设计规范要求时	可以提高墙体的承载力，与圈梁一起提高结构的整体性、变形能力和抵抗变形能力	需要现场湿作业，工期长，施工期间对工作或生活有较大的影响

注　以上内容参考《砌体结构加固设计规范》（GB 50702—2011）及其他相关资料整理。

第二节 典 型 方 案

一、加固改造典型方案一

1. 项目名称

国网北京 ×× 供电公司 ×× 综合楼结构分系统加固改造。

2. 设计依据

（1）建设单位提供的有关设计资料和要求。

（2）《建筑结构可靠度设计统一标准》（GB 50068—2018）。

（3）《建筑工程抗震设防分类标准》（GB 50223—2008）。

（4）《建筑结构荷载规范》（GB 50009—2012）。

（5）《混凝土结构设计规范》（GB 50010—2010）。

（6）《建筑抗震设计规范》（GB 50011—2010）。

（7）《建筑地基基础设计规范》（GB 50007—2011）。

（8）《钢结构设计规范》（GB 50017—2017）。

（9）《建筑抗震鉴定标准》（GB 50023—2009）。

（10）《混凝土结构加固设计规范》（GB 50367—2013）。

（11）《建筑抗震加固技术规程》（JGJ 116—2009）。

（12）《北京地区建筑地基基础勘察设计规范》（DBJ 11-501—2016）。

（13）《建筑结构制图标准》（GB/T 50105—2010）。

3. 建筑现状及维修改造内容

建筑现状及维修改造内容见表 1-4。

表 1-4　　建筑现状及维修改造内容

建筑信息	维修改造原因	维修改造规模及主要内容
国网北京 ×× 供电公司 ×× 综合楼分为工程楼 A 座和 B 座，均为砖混结构，地上 3 层，地下一层。A 座建于 1972 年，建筑面积约 755m²，地上主要功能为职工宿舍，地下主要功能为人防工程，B 座建于 1975 年，建筑面积约 790m²，地上主要功能为办公，地下主要功能为人防工程	×× 综合楼存在墙皮脱落、墙体开裂、底层出现粉蚀等情况，经抗震安全鉴定，目前楼体的抗震能力不满足《建筑抗震鉴定标准》（GB 50023—2009）中的抗震鉴定相关要求，存在安全隐患	本项目对两栋楼进行整体抗震加固，建筑面积 1545m²，主要维修内容包含裂缝灌浆、植筋、外加圈梁构造柱加固、双面钢丝网喷射混凝土、楼板端部加固

4. 设计方案

设计方案见表 1-5。

表 1-5　　设 计 方 案

技术方案	示意图
（1）墙体加固： 1）对墙体裂缝进行压力灌浆修补； 2）墙体采用双面钢丝网喷射混凝土面层。 （2）楼板端部加固： 1）预制混凝土空心板在预应力板搭接方向的端部底部加角钢； 2）对现浇混凝土板裂缝进行压力灌浆修补。 （3）钢筋植筋：对原有无法修复的、锈蚀严重的钢筋进行植筋处理。 （4）增设圈梁构造柱：采用外加构造柱、外加圈梁加固。 主要用材：墙面植筋 28300 根、穿墙、穿板植筋 5500 根、预制板支座安装 5.5t、墙体裂缝灌浆 200m 等	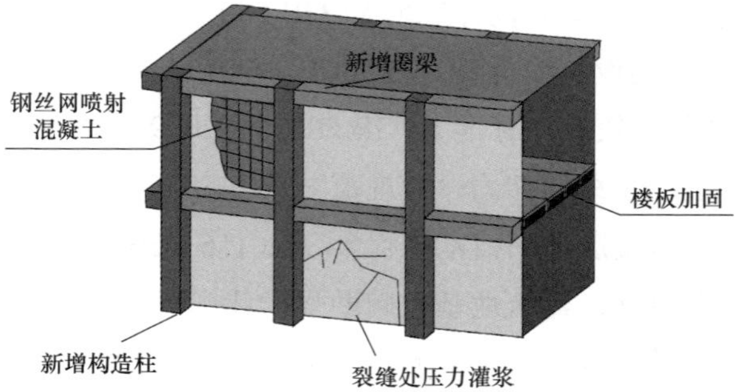

5. 典型管理经验

典型管理经验见表 1-6。

表 1-6　典 型 管 理 经 验

工期及造价	管理重点
实施过程中建筑物处于停用状态，项目于 6 月开工至 9 月竣工，共计实施 3 个月，施工结算金额为 148.28 万元	（1）施工阶段：在喷射混凝土前应将砖墙表面装饰层彻底去除，防止喷射混凝土与砖墙表面粘结不牢固；喷射混凝土时应减小喷头至受喷面的距离，并调节喷射角度，保证钢筋与壁面之间的密实性，同时采取良好的通风及有效降低粉尘的措施。 （2）验收阶段：应注意检查已喷射的整体质量，发现粘结不牢（空鼓、脱壳）、大面开裂、厚度不够、强度不合格等现象，要返工重喷。 （3）现场管理：施工现场周围实施封闭式管理，防止施工粉尘外扬及强烈的噪声，减小对周围办公及生活区域的影响。 （4）安全管理：在加固过程中，发现结构、构件出现变形增大、裂缝扩展、增多等异常情况，应立即停工、支顶并向安全管理人员报告。 （5）注意事项：技改大修前，结构分系统应经相关专业机构进行结构检测，提供检测报告

6. 选用清单

选用清单见表 1-7。

表 1-7　选 用 清 单

序号	子目名称	单位	工程量
1	喷射混凝土	m^3	4708.92
2	砖墙植筋	根	28300
3	穿墙、穿板植筋	根	5500
4	预制板支座	t	5.5
5	砌体裂缝灌浆	m	200

二、加固改造典型方案二

1. 项目名称

国网北京 ×× 公司 ×× 区 ×× 路 ×× 号结构分系统 1～4 号综合楼加固改造。

2. 设计依据

（1）《钢筋机械连接技术规程》（JGJ 107—2016）。
（2）《砌体结构加固设计规范》（GB 50702—2011）。
（3）《建筑抗震加固技术规程》（JGJ 116—2009）。
（4）《混凝土结构加固设计规范》（GB 50367—2013）。
（5）《建筑结构加固工程施工质量验收规范》（GB 50550—2010）。
（6）《混凝土结构后锚固技术规程》（JGJ 145—2013）。
（7）《水泥基灌浆材料应用技术规范》（GB/T 50448—2015）。

3. 建筑现状及维修改造内容

建筑现状及维修改造内容见表 1-8。

表 1-8　建筑现状及维修改造内容

建筑信息	维修改造原因	维修改造规模及主要内容
综合楼共 4 栋，建于 1990 年，建筑面积共 1871.26m^2，其中，1、2、4 号楼为砖混结构，地上 2 层；3 号楼西段为砖混结构，地上 2 层，东段为框架结构，地上 3 层。此处为国网北京 ×× 公司 ×× 地区信息通信应急保障驻点办公区，主要用于员工办公及会议场所	经过检测，综合楼砖混结构没有构造柱，导致承重墙体抗震承载能力不足，框架结构中存在梁、柱承载能力不足的情况，预制楼板承载能力不足，有严重安全隐患	本项目对 4 栋综合楼进行加固改造，改造面积 1871.26m^2，主要改造内容为砖墙外设构造柱、结构粘钢加固（包括框架梁、框架柱、预制楼板）

4. 设计方案

设计方案见表 1-9。

表 1-9 设 计 方 案

技术方案	示意图
（1）外墙增设构造柱： 1）在内外墙交接处、房屋四角、不规则平面转角处增设构造柱； 2）外加构造柱与原有圈梁和墙体采用植筋拉结； 3）外加构造柱设置独立基础，埋深与外墙基础相同。 （2）粘钢加固： 1）按照设计图纸标出粘钢的具体位置，对钢板进行裁剪和除锈； 2）将混凝土表面打磨平整，露出石子； 3）配制结构胶并粘贴钢板； 4）对新粘贴钢板进行固定，待结构胶固化之后再撤掉固定装置。 主要用材：独立基础现浇混凝土 $25.72m^3$、梁板柱粘贴钢板 $348.34m^2$、构造柱混凝土 $71.8m^4$、钢筋 14.11t、剔凿洞 2640 个、植筋 1262 根	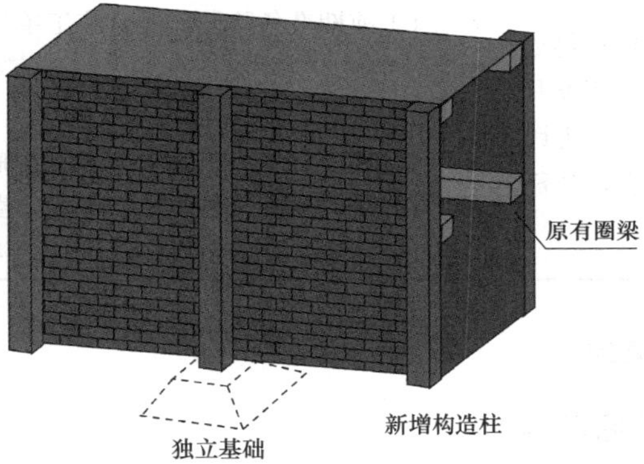 砌体结构 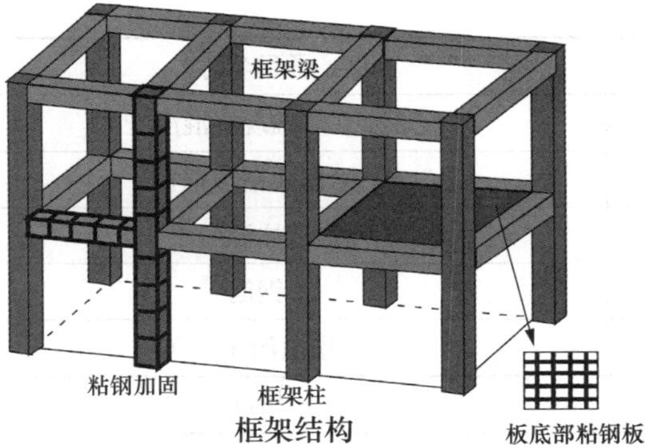 框架结构

5. 典型管理经验

典型管理经验见表 1-10。

表 1-10　典型管理经验

工期及造价	管理重点
实施过程中建筑物处于停用状态，项目于 9 月开工至 11 月竣工，共计实施 63d，施工结算金额为 133.15 万元	（1）前期准备阶段：配合施工单位提前完成渣土清运等审批备案手续，避免出现无法开工、施工叫停等情况。 （2）施工阶段：粘钢加固施工宜在环境温度为 5～35℃的室内进行；注意检验锚固区粘接钢板的密实度，对出现空鼓较大面积的钢板应进行高压补胶。 （3）现场管理：施工现场周围实施封闭式管理，防止施工粉尘外扬及强烈的噪声，减小对周围办公及生活区域的影响。 （4）安全管理：基础开挖时，若遇到原结构出现开裂或发生明显变形等问题，应及时与施工单位、设计单位沟通，消除安全隐患。 （5）注意事项：技改大修前，结构分系统应经相关专业机构进行结构检测，提供检测报告

6. 选用清单

选用清单见表 1-11。

表 1-11　选用清单

序号	子目名称	单位	工程量
1	独立基础现浇混凝土	m^3	25.72
2	梁板柱粘贴钢板	m^2	348.34
3	构造柱混凝土	m^3	71.8
4	钢筋	t	14.11
5	剔凿洞（孔）	个	2640
6	植筋	根	1262

第二章　围护分系统（含室外）

第一节　概　　述

简介：围护分系统（含室外）（见图 2-1），是指由建筑物屋面、外立面等外围护构件和围墙、场坪道路等室外辅助工程组合形成的用于划分建筑物内外部边界、发挥使用功能的综合系统。在典型方案设计中，具体指项目维修改造时所涉及的屋面子系统、地下室防水子系统、外立面子系统及场坪道路子系统等。

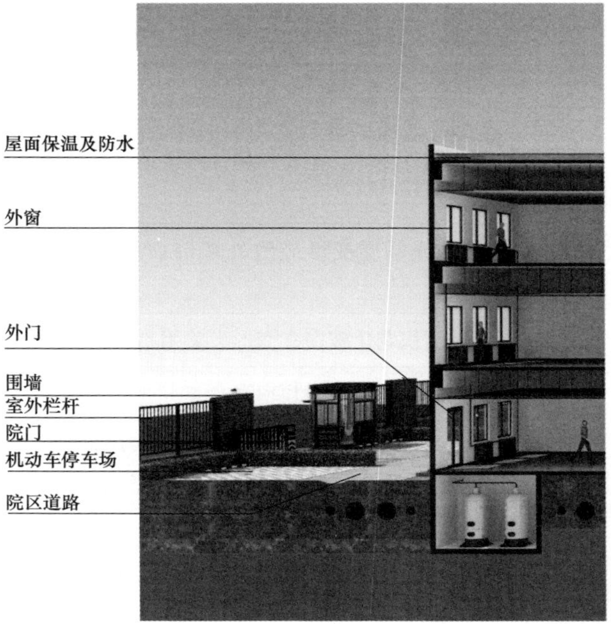

图 2-1　围护分系统示意图

一、技改大修原因、策略及流程

技改大修原因、策略及流程见表 2-1。

表 2-1　　技改大修原因、策略及流程

子系统	技改大修原因	技改大修策略	流程
外立面	因国家政策或市政规划等对建筑物外立面形式改变或对建筑节能指标提升的强制性要求	针对现有不符合相应标准的外墙，增设外墙保温或对外立面进行适应性改造	（1）收集相关信息：主要包括外立面的政策要求和破损程度、围护系统的节能要求和破损程度、门窗破损程度、围墙的政策要求和结构安全、道路破损程度和功能要求等相关信息。 （2）制订改造方案：应综合考虑各种相关因素，进行方案的对比和优化，选择出经济适用、外形美观、施工便捷、环境效益较好的方案。 （3）改造设计：针对制订的改造方案，进行构造设计，改造后的围护体系与原结构要有可靠连接的具体做法。 （4）施工与质量监督：施工前应制订详细的施工组织设计和安全保障措施；涉及防水等隐蔽工程施工时，要加强施工过程的监督。 （5）竣工验收：工程竣工后，应组织专业技术人员，包括设计、施工、监理等部门人员，严格按照有关施工或验收规范（规程）进行验收，出具竣工验收报告
	因发生地震、火灾、台风、洪涝等不可抗力事件，导致建筑物外立面严重损坏，已无法正常使用	整体更新外立面	
	幕墙（石材、金属、玻璃等）出现非外力原因的多发坠落、主要构件损坏、龙骨和埋件严重锈蚀、整体变形或移动	幕墙整体更新改造	
	保温层进水或基层变形导致外墙饰面层大面积脱落	外墙饰面整体拆除改造	
	门窗出现大面积老化破损、变形、关闭不严	外门窗整体更换改造	
	电动门老化、失灵、故障频率高	电动门整体更换改造	
	因使用时间较长或其他原因，建筑幕墙结构胶整体老化，经日常检查发现幕墙结构胶大面积脱落，存在严重渗漏现象	整体打胶修复	
	因使用时间较长或其他原因，经日常检查发现建筑外墙饰面砖、涂料出现非外力引起的多发或大面积坠落、裂痕、缺损等	进行局部或整体翻修	

续表

子系统	技改大修原因	技改大修策略	流程
围墙	因国家政策或市政规划等对于外围墙形式改变的强制性要求	办公区或园区的外围墙适应性改造	
	围墙基础出现下沉、开裂等现象，或围墙主体结构发生风化、疏松、开裂等情况，出现局部倾斜迹象	拆除重建改造	
场坪道路	由于建筑物使用性质调整或其他原因，导致室外功能布局发生改变	拆除原有设施并相应增设广场、道路、堆场、停车场等	
	由于地震、洪涝等不可抗力或其他原因，场坪道路出现路基不均匀沉陷、变形、翻浆等情况	整体更新改造	

二、围护分系统（含室外）技改大修常用方法

围护分系统（含室外）技改大修常用方法见表2-2。

表2-2　围护分系统（含室外）技改大修常用方法

类别	名称	做法简介	优点	缺点
屋面防水	卷材防水	将卷材粘贴在平整表面作为防水层，适用于屋面、地下工程、卫生间防水	层厚均匀，具有一定弹性，能够适应结构层的微小变化，抗拉能力较好；施工方便，工期短，形成防水层后无须养护，受气温影响小，对环境污染小，施工现场管理方便	易老化，后期修补工序烦琐
	涂膜防水	将涂料涂刷在平整表面作为防水层，适用于屋面、地下工程、外墙、卫生间防水	粘结力好，延伸性大，不易老化、施工简单；可在潮湿基层施工并形成防水层；后期维修较为便捷	质量不易控制，会产生有害气体
	刚性防水	采用现浇防水混凝土或防水砂浆作为防水层，主要适用于屋面、地下工程防水，多用于南方地区	施工便捷，造价较低，构造简单，耐久性好；不易受机械损伤；表面与抹灰层粘结性能好，后期修补便捷	抗拉强度低，适应基层结构变形的能力比较差，易开裂

续表

类别	名称	做法简介	优点	缺点
外墙	面砖	将陶、瓷砖采用水泥砂浆粘贴到墙面	耐脏、耐候性好；施工较为便捷	面砖易脱落，安全性差；翻新难度大；适用范围受限，不能用于超过15m的外墙工程
	普通涂料	将涂料涂刷到墙体平整面	涂料产品掉落不伤人，安全性好	装饰效果一般；涂料的耐候性较差
	真石漆（合成树脂乳液砂壁状建筑涂料）	将真石漆涂料涂刷到墙面平整面	装饰效果良好，有石材质感；涂料产品掉落不伤人，安全性好；工艺成熟，施工便捷；墙面平整度好；相对于石材价格较低	涂料的耐候性较差
	石材湿贴	以钢筋网作用于结构墙体，在石板背部穿孔绑扎，再分层浇筑50mm左右的砂浆粘结，一般采用天然石材	视觉效果好	施工较为复杂；无法做外保温；石材自重较大容易掉落，天然石材会返霜污染；价格高于面砖墙面
	幕墙	建筑物的外墙护围，是现代大型和高层建筑常用的带有装饰效果的轻质墙体；由结构框架与镶嵌板材组成，不承担主体结构荷载与作用的建筑围护结构	质量轻，视觉效果好；局部损坏便于更换修补；抗震能力强	造价高；施工工序烦琐
室外地面	混凝土路面	采用现浇混凝土作为路面	强度高，稳定性好，耐久性好	初期造价高，噪声大，行驶舒适性差；有接缝，施工周期长，维修养护困难
	沥青路面	采用沥青混凝土作为路面	表面平整、无接缝；行车舒适、振动小、噪声低；耐磨、不扬尘、易清洗；工期短、养护维修简便；可再生利用	温度稳定性差，冬季易脆裂，夏季易软化；耐老化性、耐水性差；对环境的污染较大
	石材路面	采用石材等作为路面	耐久性好，观赏性较高	防滑性较差，造价较高
	地砖路面	采用瓷砖或砌块作为路面	形式多样，色彩丰富，形状规格多，耐久性较好；施工便捷，造价相对较低	强度较低，易松动，易破损

第二节　典　型　方　案

一、屋面典型方案

1. 项目名称

国网北京 ×× 供电公司 ×× 供电服务中心 ×× 抢修点围护分系统（含室外）屋面防水维修。

2. 设计依据

（1）《建筑工程设计文件编制深度的规定（2016 版）》（建质函〔2016〕247 号）。

（2）《工程建设标准强制性条文》（房屋建筑部分）。

（3）《建筑设计防火规范》（GB 50016—2014）。

（4）《严寒和寒冷地区居住建筑节能设计标准》（JGJ 26—2018）。

（5）《建筑屋面雨水排水系统技术规程》（CJJ 142—2014）。

3. 建筑现状及维修改造内容

建筑现状及维修改造内容见表 2-3。

表 2-3　建筑现状及维修改造内容

建筑信息	维修改造原因	维修改造规模及主要内容
×× 供电服务中心 ×× 抢修点建筑面积约 600m^2，地上 3 层，地下 2 层，砖混结构，主要用途为抢修点	现防水层出现起拱、开裂，脱落、积水等现象，经日常检查发现屋面存在大面积渗漏、保温隔热功能衰退等情况，室内顶层局部渗水严重，影响顶层使用功能，存在安全隐患	本项目中屋面防水维修面积 216m^2，主要维修内容包含原屋面防水拆除、基层处理、保温防水、室内恢复等

4. 设计方案

设计方案见表 2-4。

表 2-4　设计方案

技术方案	示意图
（1）屋面防水维修主要做法： 1）原基层处理：铲除原有防水卷材至原水泥砂浆找平层，原找平层要平整牢固。 2）新增保温层：在原找平层上铺设 100mm 厚挤塑保温隔热板。 3）新增找平层：在保温层上浇筑 20mm 厚 1∶3 水泥砂浆，并保证基层平整。 4）新增防水层：在找平层上粘贴双层（3+3）mm 厚自黏性 SBS 防水卷材。 （2）顶层室内顶面矿棉板维修主要做法： 1）在混凝土顶板预留吊环处固定直径为 8mm 的一级钢筋作为吊杆，吊杆间距小于 1200mm； 2）在吊杆上架设主龙骨； 3）在主龙骨上架设 T 型次龙骨，间距为 600mm； 4）在次龙骨上铺设 12mm 厚矿棉吸声板面层。 （3）三层顶面、墙面维修主要做法： 1）原基层：铲除原破损装修层。 2）结合层：抹 2mm 厚 DP-MR 砂浆层（干拌抹灰砂浆），然后在其上刮 2mm 厚耐水腻子进行平整。 3）找平层：待腻子完全干透后，刷一道封底漆；待底漆干燥后，刷两道乳胶漆（合成树脂乳液涂料）进行饰面。 主要用材：屋面 SBS3+3 防水卷材 216m^2、100mm 厚挤塑保温隔热板 167m^2、顶层矿棉板 32m^2、顶面、墙面防水腻子白色乳胶漆 35m^2	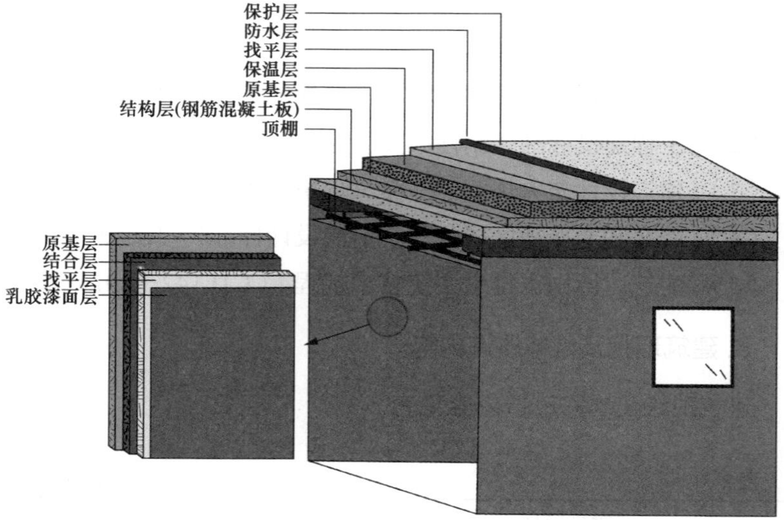

5. 典型管理经验

典型管理经验见表 2-5。

表 2-5　　典型管理经验

工期及造价	管理重点
实施过程中建筑物处于在运行状态，项目于 11 月开工至 12 月竣工，共计实施 10d，施工结算金额为 10.69 万元	（1）施工前：要对防水材料进行抽样检查，包括外观质量检查和物理性能检查，并核查产品合格证、出厂检验报告等。 （2）卷材铺贴前：找平层施工完成后，进行表面平整度检查和清洁处理工作，同时要确保基层干燥；选择无雨、无 6 级以上大风、气温 5℃以上的天气铺设卷材。 （3）卷材铺贴时：卷材仔细铺平贴紧、压实、收头牢靠，在屋面拐角、天沟、水落口、屋脊等部位要加铺卷材附加层；监理单位应加强现场监督，做好质量验收。 （4）卷材铺贴后：后续施工不得对其破坏，严禁将重物或带有锋利边缘的物体放在防水层上。 （5）安全措施：施工前后要对用火设备进行仔细的安全检查，明火作业做好防护措施及操作规程监督

6. 选用清单

选用清单见表 2-6。

表 2-6　　选用清单

序号	子目名称	单位	工程量
1	屋面防水卷材（SBS3+3）	m^2	216
2	屋面保温（100mm 厚挤塑保温隔热板）	m^2	167
3	顶层矿棉板	m^2	32
4	顶面、墙面防水腻子白色乳胶漆	m^2	35

二、外墙典型方案

1. 项目名称

国网北京 ×× 供电公司营销综合楼围护分系统（含室外）外墙改造。

2. 设计依据

（1）《严寒和寒冷地区居住建筑节能设计标准》（JGJ 26—2018）。

（2）《建筑节能工程施工质量验收标准》（GB 50411—2019）。

（3）《外墙外保温工程技术标准》（JGJ 144—2019）。

（4）《房屋建筑制图统一标准》（GB 50001—2017）。

（5）《居住建筑节能设计标准》（DB 11/891—2020）。

（6）《公共建筑节能设计标准》（DB 11/687—2015）。

3. 建筑现状及维修改造内容

建筑现状及维修改造内容见表 2-7。

表 2-7　　建筑现状及维修改造内容

建筑信息	维修改造原因	维修改造规模及主要内容
营销综合楼建筑面积 799.14m^2，共 2 层，建筑高度 9.5m，框架结构，主要用途为人员办公	外墙在使用过程中长期暴露在外，出现大面积起皮、脱落等现象，损坏严重，存在安全隐患	本项目中外墙维修面积 1153m^2，主要维修内容包含基层处理、增设找平层、保温层、饰面层

4. 设计方案

设计方案见表 2-8。

表 2-8 设 计 方 案

技术方案	示意图
（1）基层处理：剔除部分空鼓的瓷砖，墙面全部凿毛处理。 （2）增设找平层：用水泥砂浆将基层表面抹平。 （3）增设保温层：使用黏合剂，粘贴 60mm 厚 B1 级石墨聚苯板，并加锚栓固定，每平方米锚栓数量大于 4 个。 （4）增设找平层：抹 3～5mm 厚 DBI 干拌砂浆（干拌外保温抹面砂浆），中间压入一层玻纤网格布，喷仿石底涂料。 （5）增设饰面层：刮涂柔性耐水腻子，喷（或抹）真石漆面涂料。 主要用材：外墙黏合剂 1153.26m^2、外墙油漆（真石漆）1153.26m^2	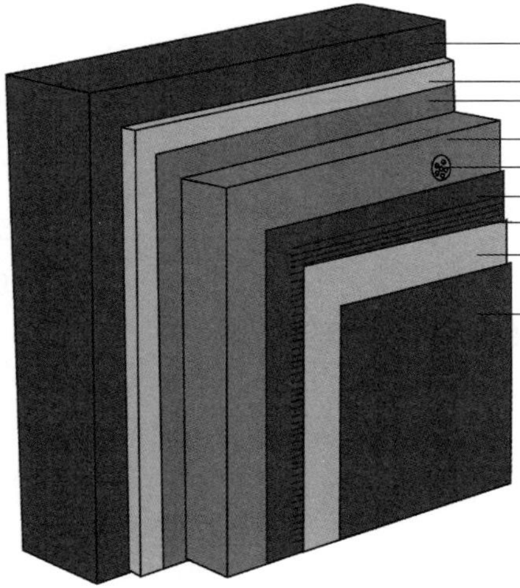

5. 典型管理经验

典型管理经验见表 2-9。

表 2-9 典 型 管 理 经 验

工期及造价	管理重点
实施过程中建筑物处于在运行状态，项目于 6 月初开工至 6 月底竣工，共计实施 23d，施工结算金额为 72.80 万元	（1）立项准备：涉及外立面维修应提前与规划部门、街道办等协调，了解相关政策后按要求进行施工。 （2）施工期间：聚苯板粘贴期间易受自重的作用而发生下滑现象，应采取措施使其维持稳定；真石漆不要在雨天和大风天气施工。 （3）安全措施：对建筑物采取封闭施工，保证脚手架支撑数量足够；脚手架拆除时，应遵循自上而下的顺序，于现场设置警示区，安排专员加强安全防护；高空作业前应对工人加强安全教育，提高安全防护意识

6. 选用清单

选用清单见表 2-10。

表 2-10　　选 用 清 单

序号	子目名称	单位	工程量
1	外墙黏合剂	m^2	1153.26
2	外墙油漆（真石漆）	m^2	1153.26

三、花岗岩、盲道砖地面典型方案

1. 项目名称

国网北京 ×× 供电公司生产综合楼 A 座围护分系统（含室外）门前地面维修。

2. 设计依据

（1）《建筑装饰装修工程质量验收标准》（GB 50210—2018）。

（2）《建筑设计防火规范》（GB 50016—2014）。

（3）《公共建筑节能设计标准》（GB 50189—2015）。

（4）《建筑节能工程施工质量验收标准》（GB 50411—2019）。

（5）《建筑玻璃应用技术规程》（JGJ 113—2015）。

（6）《建筑外门窗保温性能检测方法》（GB 8484—2020）。

（7）国家建筑标准设计图集。

3. 建筑现状及维修改造内容

建筑现状及维修改造内容见表 2-11。

表 2-11　　建筑现状及维修改造内容

建筑信息	维修改造原因	维修改造规模及主要内容
生产综合楼 A 座建于 2002 年，建筑面积 6350m²，地上 9 层，地下 1 层，框架结构，主要用途为人员办公	门前不锈钢盲道磨损严重，存在安全隐患，路面花岗岩砖局部损坏、有裂缝，局部有塌陷	本项目中花岗岩地面维修面积 228m²，主要维修内容包含花岗岩路面、门前盲道地面等

4. 设计方案

设计方案见表 2-12。

表 2-12　　设 计 方 案

<table>
<tr><th>技术方案</th><th>示意图</th></tr>
<tr><td>（1）路面维修做法：
1）拆除原有路面面层；
2）对原路基碾压密实；
3）在路基上铺设由 3：7 石灰和黏土拌和的 300mm 厚灰土层；
4）在灰土层上浇筑由 1：6 水泥和沙子拌和的 30mm 厚干硬性水泥砂浆层；
5）铺设 80mm 厚毛面花岗石板面层，铺设完成后用干石灰、粗砂拌和物扫缝，最后洒水封缝。
（2）盲道砖地面做法：
1）拆除原有路面面层；
2）对原路基碾压密实；
3）在路基上铺设由 3：7 石灰和黏土拌和的 300mm 厚灰土层；
4）在灰土层上铺设 30mm 厚砂垫层；
5）铺设盲道砖。
主要用材：花岗岩路面 192m²、盲道砖道路 57m²</td><td>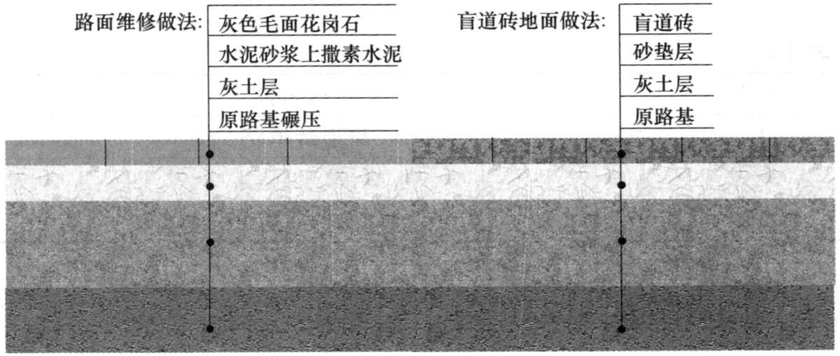
</td></tr>
</table>

5. 典型管理经验

典型管理经验见表 2-13。

表 2-13　　典型管理经验

工期及造价	管理重点
实施过程中建筑物处于在运行状态，项目于12月底完成，开工至竣工共计实施5d，施工结算金额为20.19万元	（1）施工条件：应避免雨天铺装石材，冬期施工温度要超过5℃。 （2）施工要点：铺装时不得有空鼓情况，板缝应平直、宽度适中，十字缝处保持平整。 （3）后期养护：花岗岩地面在铺设完成后，应用围挡对施工区进行封闭，并派专人负责看护；喷水养护不少于7d，在养护期间，不允许踩踏。 （4）环保措施：旧路面拆除时，注意噪声与粉尘污染，采用洒水等方式进行降尘。 （5）临时通行措施：设置交通安全信号、警示、警告标识、标牌，夜间施工时在施工区设置照明灯和信号灯，保证施工期间道路可正常通行

6. 选用清单

选用清单见表2-14。

表 2-14　　选用清单

序号	子目名称	单位	工程量
1	盲道砖道路	m^2	57
2	局部玻璃幕墙	m^2	20
3	花岗岩地面	m^2	192

四、沥青路面典型方案

1. 项目名称

国网北京××研究院本部围护分系统（含室外）院内路面维修。

2. 设计依据

（1）《公路沥青路面施工技术规范》（JTG F 40—2004）。

（2）《公路路面基层施工技术规范》（JTJ 034—2000）。
（3）《沥青路面施工及验收规范》（GB 50092—1996）。
（4）《城市道路工程设计规范》（CJJ 37—2012）。
（5）《道路石油沥青》（NB/SH/T 0522—2010）。

3. 建筑现状及维修改造内容

建筑现状及维修改造内容见表 2-15。

表 2-15　建筑现状及维修改造内容

建筑信息	维修改造原因	维修改造规模及主要内容
国网北京 ×× 研究院本部综合楼建于 1996 年，建筑面积 10800m²，总道路面积 5846.2m²，地上 8 层，地下 2 层，钢筋混凝土结构，主要用途为人员办公	院内多为水泥路面，由于使用年限较长、经常有大型车辆出入，东侧、北侧路面下沉、塌陷、开裂严重	本项目主要内容为院区西侧及北侧路面沥青路面维修，维修总面积为 2072m²，并对水泥混凝土路肩（道牙）、花岗岩路面进行维修，修复雨水井井口

4. 设计方案

设计方案见表 2-16。

表 2-16　设　计　方　案

技术方案	示意图
（1）拆除原路面面层，保留原基层，处理基层局部下沉部位。 （2）在原基层上铺设 50mm 厚沥青混凝土并碾压密实。 （3）铺设 30mm 厚高级改性沥青混凝土面层并碾压密实。 主要用材：沥青混凝土路面 2072m²、水泥混凝土路肩 712m、花岗岩路面 803m²、雨水井井口修复 36 座	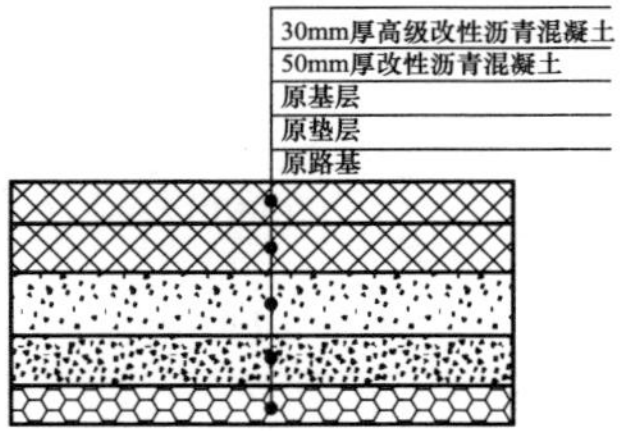

5. 典型管理经验

典型管理经验见表 2-17。

表 2-17 典型管理经验

工期及造价	管理重点
实施过程中建筑物处于在运行状态，项目于 8 月初开工至 11 月底竣工，共计实施 4 个月，施工结算金额为 95.33 万元	（1）施工准备：配合施工单位提前完成路面拆除、垃圾清运等审批备案手续，避免出现无法开工、施工叫停等情况。 （2）施工要点：基层要坚硬，表面附着灰尘等杂物时需将其及时清理干净；分段完成沥青摊铺作业，单段长度根据现场气温及时调整；压路机在新摊铺的面层上不得快速起动和刹车。 （3）质量检测：重点进行沥青面层厚度和压实度取样检测。 （4）注意事项：应考虑对地下管线的影响，原则上利用原有路基；对于给排水、采暖管线等，应先做管线，再做路面

6. 选用清单

选用清单见表 2-18。

表 2-18 选用清单

序号	子目名称	单位	工程量
1	沥青混凝土路面	m^2	2072
2	水泥混凝土路肩	m	712
3	50mm 厚花岗岩路面	m^2	803
4	雨水井井口修复	座	36

五、水泥混凝土路面典型方案

1. 项目名称

国网北京 ×× 研究院本部综合楼围护分系统（含室外）路面维修。

2. 设计依据

（1）《城市道路工程设计规范》（CJJ 37—2012）。

（2）《公路路面基层施工技术规范》（JTJ 034—2000）。

（3）《雨水控制与利用工程设计规范》（DB 11/ 685—2013）。

（4）《混凝土结构设计规范》（GB 50010—2010）。

（5）《水泥混凝土路面施工及验收规范》（GBJ 97—1987）。

3. 建筑现状及维修改造内容

建筑现状及维修改造内容见表 2-19。

表 2-19　建筑现状及维修改造内容

建筑信息	维修改造原因	维修改造规模及主要内容
本部综合楼建于 2002 年，建筑面积 10218.2m^2，地上 5 层，地下 1 层，钢筋混凝土结构，主要用途为人员办公	原场坪（道路）总计约 4000m^2，其中有裂缝处高达 2600m^2，面层塌陷面积达 1000m^2，场坪道路损坏严重，无法保证本部综合楼办公人员和车辆通行的正常使用，在雨雪季节容易造成道路积水，存在严重的安全隐患	本项目主要对现有园区围护分系统路面进行维修，其中，院内水泥路面维修面积 2600m^2，混凝土路肩维修长度 390m、草坪砖维修面积 300m^2

4. 设计方案

设计方案见表 2-20。

表 2-20　　设　计　方　案

技术方案	示意图
（1）主路面维修： 1）将现有路面剔凿，露出基层； 2）清理基层，确保基层坚实、干净； 3）分块浇筑 220mm 厚、强度为 C25 的现浇混凝土面层，振捣密实，抹平；面层每块边长小于 6m，各块间留伸缩缝。 （2）草坪砖维修： 1）将原草坪砖拆除； 2）基层采用 3∶7 石灰与黏土拌和并碾压密实，厚度为 300mm； 3）基础上铺一层 50mm 厚粗砂； 4）铺草坪砖。 （3）其他附属工程维修： 1）更换直径为 800mm 雨水箅子； 2）维修破损混凝土路肩。 主要用材：水泥混凝土 2600m²、水泥嵌草砖 300m²、混凝土路肩 390m²、雨水箅子 12 个	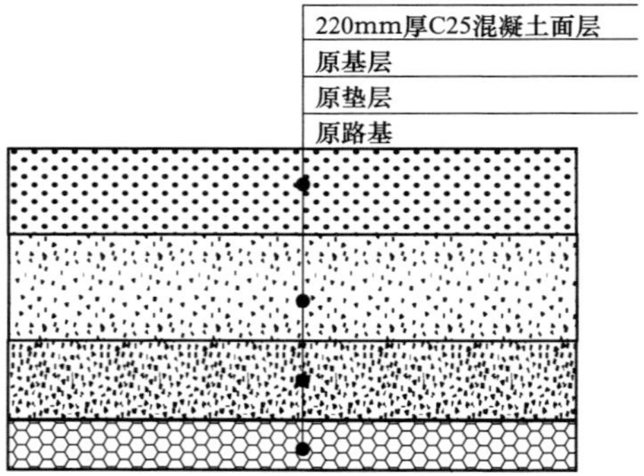 路面维修做法 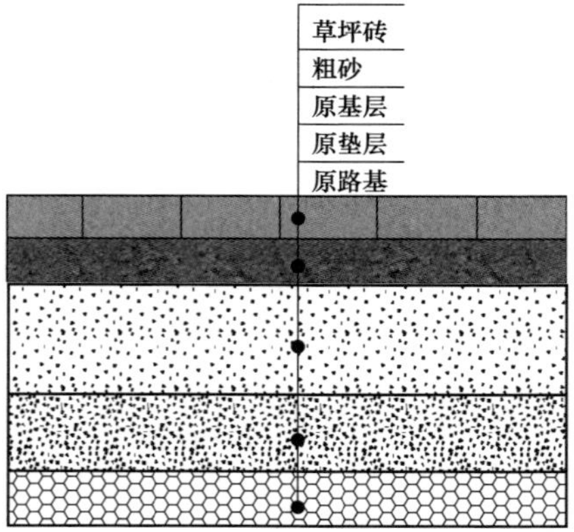 草坪砖维修做法

5. 典型管理经验

典型管理经验见表 2-21。

表 2-21　　典型管理经验

工期及造价	管理重点
实施过程中建筑物处于在运行状态，项目于 8 月开工至 11 月竣工，共计实施 100d，施工结算金额为 102.43 万元	（1）施工准备：配合施工单位提前完成路面拆除、垃圾清运等审批备案手续，避免出现无法开工、施工叫停等情况。 （2）施工要点：将凿除路面后的基层清理干净；伸缩缝间距小于 6m，缝隙宽度小于 20mm，缝隙内嵌填沥青砂浆。 （3）路面养护：水泥混凝土路面施工完成后，采用湿布或者湿草垫之类的物品进行铺盖，每天洒水，保证路面湿度。 （4）注意事项：应考虑对地下管线的影响，原则上利用原有路基；对于给排水、采暖管线等，应先做管线，再做路面

6. 选用清单

选用清单见表 2-22。

表 2-22　　选用清单

序号	子目名称	单位	工程量
1	水泥混凝土	m^2	2600
2	水泥嵌草砖	m^2	300
3	混凝土路肩	m	390
4	雨水箅子	个	12

第三章　电梯（机械车库）分系统

第一节　概　　述

简介：电梯（机械车库）分系统（见图 3-1），是指由电力驱动利用沿刚性导轨运行的箱体或沿固定线路运行的梯级（踏步）进行升降或平行运送人及货物的机电设备系统，主要包括驱动主机、导轨、层门、轿厢、控制系统及安全部件等。

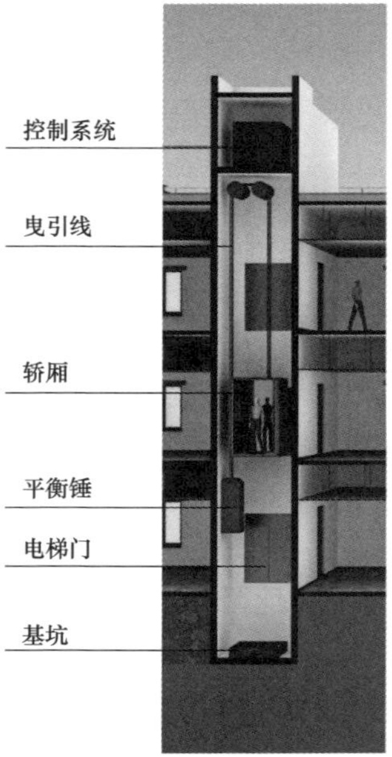

图 3-1　电梯（机械车库）分系统示意图

一、技改大修原因、策略及流程

技改大修原因、策略及流程见表 3-1。

表 3-1　　技改大修原因、策略及流程

子系统	技改大修原因	技改大修策略	流程
电梯	现有电梯属于国家行业主管部门已明令停止生产的型号，其主要性能指标（包括耗能指标）已不符合相关现行国家标准的规定，且使用时间已逾 12 年；建筑物内仅装设一部电梯且使用时间已达 15 年，或有备用梯的达到 18 年，主要机械部件严重锈蚀、变形或电气设备严重老化、损坏，无法保证安全运行。 由于建筑物结构损坏、电梯发生过严重事故导致电梯设备严重损坏、建筑物严重倾斜或沉降，造成电梯运行方向与垂直方向有不大于 15° 倾斜度；电梯主机和其他主要配件磨损严重，且设备已经过三次以上大修，再次维修的投资超过设备折旧残值或超过市场同类电梯价格的 30%；电梯驱动主机、轿厢、门、安全钳、安全保护装置、电气控制装置等主要设备已存在重大缺陷或已淘汰并停止生产，无法通过大修恢复正常状态	整体更换	（1）确定电梯改造方案：加装电梯项目需要联合设计单位根据需要和实际情况确定电梯改造方案；电梯改造前，应持包括改造方案在内的资料到所在地特种设备管理部门备案。 （2）前期准备工作：需要加装电梯的项目，由设计单位对原有结构进行安全性检测鉴定；报电梯增设设计方案至规划主管部门审查；确定具有相应资质的土建施工单位、监理单位、电梯安装单位和电梯供应单位。 （3）改造设计：对于加装电梯项目，应提供电梯安装图和土建井道设计施工图。 （4）土建施工及验收：对于加装电梯项目，土建施工完成后应联合设计单位、施工单位、监理单位对项目进行验收。 （5）电梯安装、调试：电梯安装前，需要告知特种设备管理部门；安装完成后应当经具有法定资质的电梯检验机构按照相关安全技术规范的要求进行监督检验，取得电梯监督检验合格证，正式使用前到特种设备管理部门办理使用登记证书
	因建筑物使用功能或使用性质发生改变，经设计计算，现有电梯设置或数量不能满足实际使用需求；六层及六层以上的建筑物未设置电梯	加装电梯	
	因建筑物使用功能或使用性质发生改变，垂直运输物资的，且原建筑未设置电梯	加装载货电梯	
	建筑物未设置消防电梯、消防电梯的设置或数量不符合相关规定	加装消防电梯	
	曳引轮绳槽出现裂纹、缺损、不正常磨损等造成曳引力不足；涡轮副、斜齿轮、行星齿轮出现轮齿塑性变形、折断、裂纹；传动轴、轴承破碎损坏，电动机外壳破裂，电动机定子与转子发生碰撞；磁同步电动机磁钢严重退磁或永磁同步电动机磁钢脱落	更换驱动主机	

续表

子系统	技改大修原因	技改大修策略	流程
电梯	钢丝网外层绳股在一个捻距内断丝大于相关规范允许最多断丝数；钢丝绳绳径不大于直径的 90%，或出现变形、锈蚀、损伤，钢芯从外层包裹材料中裂出、外表面可见明显的钢芯痕迹及明显可见的压痕，钢带实时监测报警装置异常	更换钢丝绳（钢带）	
	控制柜中电路板铜皮断裂，电容鼓包、漏液或明显烧坏，制动单元及制动电阻的接线端子严重过热变形、拉弧氧化或腐蚀、原件焊盘脱落	更换控制柜	
	电梯出现开关门打滑、开关门无力、无法开关门甚至夹人等安全隐患现象	更换门机	

二、电梯（机械车库）分系统常用选型

电梯（机械车库）分系统常用选型见表 3-2。

表 3-2　电梯（机械车库）分系统常用选型

类别	类型	简介	优点	缺点
机房类别	有电梯机房	在电梯的最上方设一个单独的房间，即电梯机房，里面放置控制屏、曳引机、限速器等电梯的一些相关设备	载重量大，维保、救援便捷，运行速度不受限制	屋面需要有电梯机房；占用空间；立面效果较差
	无电梯机房	无需单独设置电梯机房，将原机房内的控制屏、曳引机、限速器等电梯的一些相关设备直接放到电梯井道里	立面效果好，节省机房面积，特别适用于加装电梯	提升速度和提升高度均有限制；井道和轿厢的噪声较大，振动较大，舒适感较差；维保、困人救援难度较大；井道散热功能差
驱动方式	曳引式电梯	曳引电梯靠对重牵引轿厢做往返运动，电动机只出较小部分的力量，类似于动滑轮原理	安全性高，平稳、噪声小，使用寿命长，节能环保，造价较低	对土建要求要高，顶层高度太低无法安装，基坑深度要 250mm 以上；占用空间尺寸多；安装复杂

续表

类别	类型	简介	优点	缺点
驱动方式	螺杆式升降电梯	由一个电动机带动螺母连接平台，沿一根从顶到底的螺杆在封闭式的井框内做运动	节约建筑面积，土建要求低，无需机房；结构灵活，不容易发生故障，易损件少	机械噪声大；运行速度较慢；舒适性较差
	液压式电梯	液压动力源，把油压入油缸使柱塞做直线运动，直接或通过钢丝绳间接地使轿厢运动的电梯	土建要求低，无需机房；安全性高	存在泄漏液压油的情况；安装调试要求高

第二节　典　型　方　案

一、电梯改造典型方案一

1. 项目名称

国网北京 ×× 供电公司本部生产综合楼电梯分系统电梯改造。

2. 设计依据

（1）《电梯制造与安装安全规范》（GB 7588—2013）。

（2）《电梯使用管理与维护保养规则》（TSG T5001—2009）。

（3）《电梯监督检验和定期检验规则—曳引与强制驱动电梯》（TSG T7001—2009）。

（4）《电梯　主参数及轿厢、井道、机房的型式与尺寸　第 1 部分：Ⅰ、Ⅱ、Ⅲ、Ⅵ类电梯》（GB/T 7025.1—2008）。

（5）《电梯　主参数及轿厢、井道、机房的型式与尺寸　第 2 部分：Ⅳ类电梯》（GB/T 7025.2—2008）。

（6）《电梯　主参数及轿厢、井道、机房的型式与尺寸　第 3 部分：Ⅴ类电梯》（GB/T 7025.3—1997）。

（7）《电梯技术条件》（GB/T 10058—2009）。

（8）《电梯试验方法》（GB/T 10059—2009）。

（9）《电梯安装验收规范》（GB/T 10060—2011）。

（10）《电梯工程施工质量验收规范》（GB 50310—2002）。

（11）《电梯用钢丝绳》（GB/T 8903—2018）。

（12）《电梯 T 型导轨》（GB/T 22562—2008）。

（13）《交流电梯电动机通用技术条件》（GB/T 12974—2012）。

（14）《额定电压 450/750V 及以下橡皮绝缘电缆　第 5 部分：电梯电缆》（GB/T 5013.5—2008）。

（15）《额定电压 450/750V 及以下聚氯乙烯绝缘电缆　第 6 部分：电梯电缆和挠性连接用电缆》（GB/T 5023.6—2006）。

（16）《低压开关设备和控制设备　第 4-1 部分：接触器和电动机起动器　机电式接触器和电动机起动器（含电动机保护器）》（GB/T 14048.4—2010）。

（17）《低压开关设备和控制设备　第 5-1 部分：控制电路电器和开关件　机电式控制电路电器》（GB 14048.5—2008）。

（18）《建筑设计防火规范》（GB 50016—2014）。

（19）《电梯工程施工质量验收规范》（GB 50310—2002）。

3. 建筑现状及维修改造内容

建筑现状及维修改造内容见表 3-3。

表 3-3　　建筑现状及维修改造内容

建筑信息	维修改造原因	维修改造规模及主要内容
国网北京 ×× 供电公司本部生产综合楼主楼建于 1993 年，建筑面积 11668m^2，共 7 层，框架结构，主要用途为人员办公	随着近年来业务量增长，工作人员和来访人数增加，建筑现有电梯无法满足使用需求，需要增设电梯 1 部	本项目主要改造内容为：拆除增加电梯部分屋顶外挑檐，安装 7 层 7 站无机房观光电梯 1 部，包含轿厢、电梯门、曳引系统、缓冲器等，待观光电梯安装完毕后再做装饰恢复

4. 设计方案

设计方案见表 3-4。

表 3-4　设计方案

技术方案	示意图
（1）电梯安装：安装 7 层 7 站无机房观光电梯 1 部。 （2）土建改造： 1）井道布置在外墙外侧，面积为 5.61m²； 2）电梯厅门布置在原一层入口位置，一层入口改在原入口左侧位置； 3）拆除增加电梯部分屋顶外挑檐，待观光电梯安装完毕后再做装饰恢复； 4）拆除原入口处消防管道，安装新管道穿楼梯间与室外管网连接。 主要用材及设备：7 层 7 站无机房观光电梯 1 部、配电箱 1 台、金属门 3.15m²、现浇混凝土电梯井壁墙 5.42m²	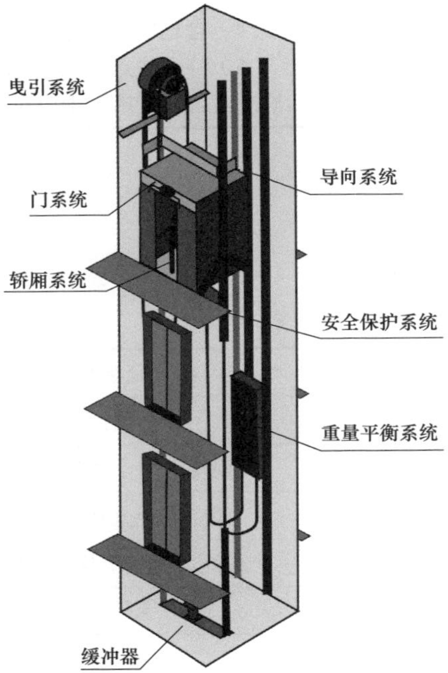

5. 典型管理经验

典型管理经验见表 3-5。

表 3-5　　典型管理经验

工期及造价	管理重点
实施过程中建筑物处于在运行状态，项目 9 月开工至 11 月竣工，共计实施 74d，施工结算金额为 79.39 万元	（1）施工要点：精确控制好导轨的安装位置，检查曳引钢丝绳的张力并进行适当调整。 （2）质量验收：安装完成后，向特种设备检测所提出验收申请，做好验收准备工作，进行资料审查和现场检查。 （3）安全措施：设置专门的监护人员开展安全作业监督；施工范围内设置封闭围挡；地面和各楼层走廊均设置作业隔离区域；在井道中架设防护网；钢结构焊接等明火作业时，严禁在施工范围内使用明火，注意做好相应的防火措施。 （4）管理措施：仔细审查施工进度计划，协调好土建施工与电梯安装的工序衔接，避免窝工导致工期延误和费用增加。 （5）特别注意事项：①电梯相关设备的选型要充分考虑节能性能；②技改大修前，电梯设备应经相关专业机构检测，提供检测报告；③施工中应对建筑进行沉降、倾斜监测，一旦发现存在明显沉降、变形，及时采取补救措施

6. 选用清单

选用清单见表 3-6。

表 3-6　　选用清单

序号	子目名称	单位	工程量
1	金属门	m^2	3.15
2	现浇混凝土基础垫层	m^3	0.66
3	现浇混凝土基础板式	m^3	2.69
4	现浇混凝土电梯井壁墙	m^2	5.42
5	钢筋	t	0.67
6	空腹钢柱	t	6.26
7	玻璃幕墙	m^2	219.98
8	砖砌体	m^2	36.58
9	现浇混凝土过梁	m^3	0.1

续表

序号	子目名称	单位	工程量
10	台阶石材	m^2	4.05
11	门窗套石材	m^2	2.51
12	电梯	部	1
13	配电箱	台	1
14	嵌入式灯	套	7

二、电梯改造典型方案二

1. 项目名称

国网北京 ×× 供电公司 ×× 运行检修综合楼电梯分系统电梯改造。

2. 设计依据

（1）《电梯制造与安装安全规范》（GB 7588—2013）。

（2）《电梯使用管理与维护保养规则》（TSG T5001—2009）。

（3）《电梯监督检验和定期检验规则—曳引与强制驱动电梯》（TSG T7001—2009）。

（4）《电梯　主参数及轿厢、井道、机房的型式与尺寸　第 1 部分：Ⅰ、Ⅱ、Ⅲ、Ⅵ类电梯》（GB/T 7025.1—2008）。

（5）《电梯　主参数及轿厢、井道、机房的型式与尺寸　第 2 部分：Ⅳ类电梯》（GB/T 7025.2—2008）。

（6）《电梯　主参数及轿厢、井道、机房的型式与尺寸　第 3 部分：Ⅴ类电梯》（GB/T 7025.3—1997）。

（7）《电梯技术条件》（GB/T 10058—2009）。

（8）《电梯试验方法》（GB/T 10059—2009）。

（9）《电梯安装验收规范》（GB/T 10060—2011）。

（10）《电梯工程施工质量验收规范》（GB 50310—2002）。

（11）《电梯用钢丝绳》（GB/T 8903—2018）。

（12）《电梯 T 型导轨》（GB/T 22562—2008）。

（13）《交流电梯电动机通用技术条件》（GB/T 12974—2012）。

（14）《额定电压 450/750V 及以下橡皮绝缘电缆　第 5 部分：电梯电缆》（GB/T 5013.5—2008）。

（15）《额定电压 450/750V 及以下聚氯乙烯绝缘电缆　第 6 部分：电梯电缆和挠性连接用电缆》（GB/T 5023.6—2006）。

（16）《低压开关设备和控制设备　第 4-1 部分：接触器和电动机起动器　机电式接触器和电动机起动器（含电动机保护器）》（GB/T 14048.4—2010）。

（17）《低压开关设备和控制设备　第 5-1 部分：控制电路电器和开关件　机电式控制电路电器》（GB 14048.5—2008）。

（18）《建筑设计防火规范》（GB 50016—2014）。

3. 建筑现状及维修改造内容

建筑现状及维修改造内容见表 3-7。

表 3-7　建筑现状及维修改造内容

建筑信息	维修改造原因	维修改造规模及主要内容
运行检修综合楼于 2005 年交付使用，建筑面积 4020m^2，地上 6 层，地下 1 层，钢筋混凝土框架结构，主要用途为人员办公	本楼电梯由于使用频次高，控制系统老化，电梯主要机械部件磨损，故障率高，已发生多起异常停运、异常开关门等故障，同时，在用电梯相关部件及尺寸已不符合相关现行标准，存在安全隐患	本项目改造面积约 70m^2，主要是对现有 1 部客梯、1 部货梯及配套设施进行更换，主要内容包括：拆除并重新安装电梯 2 部，恢复电梯机房涂料墙面、顶面

4. 设计方案

设计方案见表 3-8。

表 3-8　　设　计　方　案

技术方案	示意图
（1）曳引机型号：采用永磁同步无齿轮曳引机。 （2）更换部件与设备：曳引系统、控制系统、轿厢、机房系统、安全系统、平衡系统等主要部件以及配套电气系统设备。 （3）电梯机房改造：电梯设备安装完成后对电梯机房的墙面及顶面进行恢复，恢复面积为 70m^2。 主要用材及设备：内墙面层涂料 70m^2、3 站货梯 1 部、6 站客梯 1 部	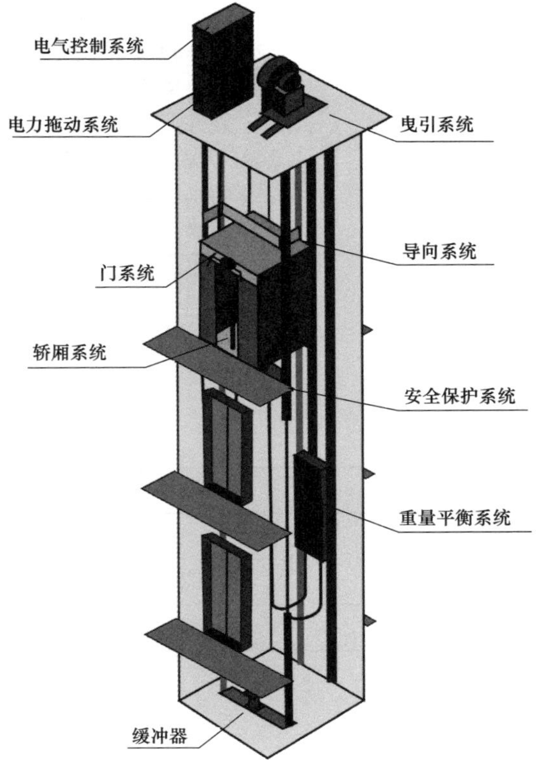

5. 典型管理经验

典型管理经验见表 3-9。

表 3-9 典型管理经验

工期及造价	管理重点
实施过程中建筑物处于在运行状态，项目 11 月开工至 12 月竣工，共计实施 37d，施工结算金额为 51.8 万元	（1）施工要点：原有电梯拆除后，底坑底部应保持平整；底坑底面与轿厢最低部件之间的自由垂直距离不小于 0.5m。 （2）质量验收：安装完成后，向特种设备检测所提出验收申请，做好验收准备工作，进行资料审查和现场检查。 （3）安全措施：设置专门的监护人员开展安全作业监督；施工范围内设置封闭围挡；地面和各楼层走廊均设置作业隔离区域；在井道中架设防护网；作业区域张贴安全警示标语，并使用合格的高处作业防护装备。 （4）管理措施：仔细审查施工进度计划，协调好土建施工与电梯安装的工序衔接，避免窝工导致工期延误和费用增加。 （5）特别注意事项：①电梯相关设备的选型要充分考虑节能性能；②技改大修前，电梯设备应经相关专业机构检测，提供检测报告；③为了确保井道顶部空间符合要求，新装电梯额定速度不得高于原有电梯额定速度

6. 选用清单

选用清单见表 3-10。

表 3-10 选用清单

序号	子目名称	单位	工程量
1	6 站客梯	部	1
2	3 站货梯	部	1
3	内墙面层涂料	m^2	70

第四章　给水排水分系统

第一节　概　　述

简介：给水排水分系统（见图 4-1），是指通过管道及辅助设备，按照建筑物和用户的生产、生活和消防的需要，将水有组织地输送到用水地点，同时把屋面雨水、生活和生产过程中产生的污水、废水及时排放出去的网络。

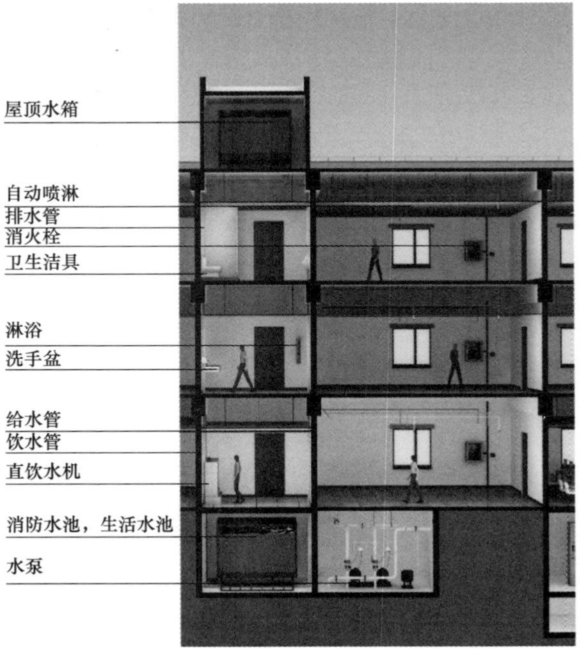

图 4-1　给水排水分系统示意图

一、技改大修原因、策略及流程

技改大修原因、策略及流程见表 4-1。

表 4-1　　技改大修原因、策略及流程

<table>
<tr><th>子系统</th><th>技改大修原因</th><th>技改大修策略</th><th>流程</th></tr>
<tr><td>给水设备</td><td>因给水设备长期运行故障频发，且属于国家明令淘汰产品，市场已无相应备品、备件，设备无法修复。
给水设备（包括变频恒压给水设备、气压罐、无负压给水设备、消防给水设备、水泵机组、板式换热器、容积式换热器、加热储热设备等）达到或超过设备说明书标明的使用寿命，且不能满足正常使用需求；给水设备存在明显老化现象且故障多发</td><td>更换给水设备</td><td rowspan="5">（1）建筑给排水系统现状检查：对供水、雨水、排水、消防管网服役现状进行系统检查，找出建筑管网系统所面临的主要问题。
（2）改造设计：设计单位在设计过程中，要明确改造目的，综合考虑装修和其他已有管线等问题，同时注意使用上的方便、安全；管道的铺设尽量不要破坏原有建筑的结构，同时应考虑新的给水管材与原管材的接口要连接方便；应尽量增加阀门的数量以便以后维修，遵循关闭的管段不影响其他重要用水点的原则进行阀门设置。</td></tr>
<tr><td rowspan="3">给水管网</td><td>因规划对原有室外给水路径整体重新设计迁移或地面用途改变等原因造成室外给水管网上部地面荷载增加</td><td>对室外给水管网进行适应性改造</td></tr>
<tr><td>因建筑物使用功能或使用性质发生改变，导致给水负荷急剧增加</td><td>对给水管网进行管径扩容、整体更换或增设管网改造</td></tr>
<tr><td>给水管网存在腐蚀、缩径、堵塞或受压变形等情况，跑、冒、滴、漏等现象多发；经专业机构管道打压试验，不满足相关现行标准规定的工作压力要求</td><td>整体更换给水管网</td></tr>
<tr><td>排水设备</td><td>因外部排水条件改变，导致废水无法以重力流方式接入市政管道</td><td>长期设置排水提升设施</td></tr>
</table>

续表

子系统	技改大修原因	技改大修策略	流程
排水设备	因排水设备长期运行故障频发，且属于国家明令淘汰产品，市场已无相应备品、备件，设备无法修复。 排水设备（包括污废水、排水提升设备等）达到或超过设备说明书标明的使用寿命；排水设备存在明显老化现象且故障多发	更换排水设备	（3）施工准备：为保证给水系统改造的顺利实施，监理单位与施工单位对给水施工图纸进行研究，对设计图纸进行现场核对、细化，着重摸清给排水系统总阀门、各支路阀门的配备情况以及损坏程度，保证同时满足施工停水和正常用水的要求；对进场材料进行核对和检查。
排水管网	因规划对原有室外排水路径整体重新设计迁移或地面用途改变等原因造成室外排水管网上部地面荷载增加	室外排水管网适应性改造	
	因建筑物使用功能或使用性质发生改变，导致排水负荷急剧增加	对室内或室外排水管网进行管径扩容、整体更换或增设管网改造	
	室内或室外排水管道淤塞严重，无法通过清通达到设计排水能力；经专业机构检测淤塞程度达到管径截面 50% 以上，通球率无法达到 100%	整体更换排水管道	
消防设备设施	消防设备设施（包括消火栓泵组、喷淋泵组、增压稳压设备、消防水泵接合器、消防水箱、组合式消防水池等）达到或超过设备说明书标明的使用寿命	更换消防设备设施	
	因建筑物使用功能或使用性质发生改变，新增消防系统或消防用水负荷急剧增加	扩容、更换或增设消防设备设施（包括钢筋混凝土消防水池）	
	经消防专业机构检测，消防设备技术参数不满足相关现行规范要求；消防设备连续发生 2 次以上故障，经检测分析无法维修或无维修价值	更换设备	

续表

子系统	技改大修原因	技改大修策略	流程
消防管网	因规划对原有室外消防管网路径整体重新设计迁移，或地面用途改变等原因造成室外消防管网上部地面荷载增加	室外消防管网适应性改造	（4）施工流程。 1）给水管道改造施工流程：拆除原管道→核对预留预埋→材料进场验收→预制加工→干管安装→立管安装→支管安装→管道试压→防腐保温→冲洗消毒。 2）排水管道改造施工流程：拆除原管道→核对预留预埋→材料进场验收→预制加工→干管安装→立管安装→通球实验→支管安装→封口堵洞→闭水实验。 （5）竣工验收：组织设计单位、施工单位以及监理单位进行验收，主要检查管道设置是否按设计图纸进行施工、必要阀门是否安装、室内给水管道的水压是否符合设计要求、排水管道是否无渗漏以及排水是否通畅等
	因建筑物使用功能或使用性质发生改变，新增消防系统或消防用水负荷急剧增加	对室外消防管网进行管径扩容、整体更换或增设管网改造	
	因室内或室外消防管网系统部件老化、超出使用年限等原因，出现多处腐蚀、变形、渗漏等现象，经消防专业单位检测，不能承受规范设计压力值	局部调换或拆换	

二、管材常用选型

管材常用选型见表 4-2。

表 4-2　　管材常用选型

序号	管材名称	适用范围	优点	缺点
1	PPR 管（无规共聚聚丙烯管）	适用于建筑物的冷热水系统，包括集中供热系统；可直接饮用的纯净水供水系统	价格适中，性能稳定，耐热保温，耐腐蚀性强，内壁光滑、不结垢	膨胀系数大，易老化，长期工作温度不能超过 70℃
2	PVC-U 管（硬聚氯乙烯管）	主要用于建筑供、排水管道，其中排水管道最为常见	质量轻，耐腐蚀性强，水流阻力小，节约能源，安装便捷，造价低	膨胀系数大，耐热、防火性能差，材质较脆，易受外力作用破坏，易老化，使用寿命有限

续表

序号	管材名称	适用范围	优点	缺点
3	PE 管（聚乙烯管）	适用于市政工程供水系统、建筑物室内给水系统、室外埋地给水系统	材质无毒性，内壁光滑、不结垢，流通性好，韧性好，管道质量轻，耐腐蚀性强，施工方便，工程综合造价低	热膨胀系数大，耐压性、耐温度变化性能和阻燃性较差
4	不锈钢管	主要用于建筑给水和直饮水管道	可以承受较大水压，坚固耐撞，安全可靠，使用寿命长	造价高
5	铜管	主要用于供水管道	质地坚硬，不易腐蚀，耐高温，耐高压，使用寿命长	造价高，施工要求高
6	镀锌钢管	主要用于消防管道	防锈、抗冻性能好，强度高	易腐蚀，造价较高
7	钢塑复合管	建筑给水管道	耐腐蚀性能较好，强度高	接口处较容易生锈，影响水质；结合层易分离
8	铝塑复合管	建筑给水管道	耐高温高压、耐低温、耐腐蚀性能好，质量轻	不能弯曲施工，结合层易分离；价格稍高

三、建筑屋面雨水系统选型

建筑屋面雨水系统选型见表 4-3。

表 4-3　建筑屋面雨水系统选型

分类方法	排水系统	适用场所
汇水方式	檐沟外排水系统	（1）屋面面积较小的单层、多层住宅或体量与之相似的一般民用建筑。 （2）瓦屋面建筑或坡屋面建筑。 （3）雨水管不允许进入室内的建筑
	承雨斗外排水系统	（1）屋面设有女儿墙的多层住宅或 7～9 层住宅。 （2）屋面设有女儿墙且雨水管不允许进入室内的建筑

续表

分类方法	排水系统	适用场所
汇水方式	天沟排水系统	(1)大型厂房。 (2)轻质屋面。 (3)大型复杂屋面。 (4)绿化屋面。 (5)雨篷
	阳台排水系统	敞开式阳台
设计流态	半有压排水系统	(1)屋面楼板下允许设雨水管的各种建筑。 (2)天沟排水。 (3)无法设溢流的不规则屋面排水
	压力流排水系统	(1)屋面楼板下允许设雨水管的大型复杂建筑。 (2)天沟排水。 (3)需要节省室内竖向空间或排水管道设置位置受限的工业和民用建筑
	重力流排水系统	(1)阳台排水。 (2)成品檐沟排水。 (3)承雨斗排水。 (4)排水高度小于 3m 的屋面排水

注 本表参考《建筑屋面雨水排水系统技术规程》(CJJ 142—2014)。

第二节 典型方案

一、管道典型方案

1. 项目名称

国网北京 ×× 供电公司 ×× 供电所给水排水分系统给水管线维修。

2. 设计依据

（1）《建筑设计防火规范》（GB 50016—2014）。

（2）《消防给水及消火栓系统技术规范》（GB 50974—2014）。

（3）《建筑给水排水设计标准》（GB 50015—2019）。

（4）《建筑给水排水及采暖工程施工质量验收规范》（GB 50242—2002）。

（5）《建筑与小区雨水控制及利用工程技术规范》（GB 50400—2016）。

（6）《民用建筑节水设计设计标准》（GB 50555—2010）。

3. 建筑现状及维修改造内容

建筑现状及维修改造内容见表 4-4。

表 4-4　　建筑现状及维修改造内容

建筑信息	维修改造原因	维修改造规模及主要内容
国网北京 ×× 供电公司 ×× 供电所建于 2007 年，建筑面积 2908m²，主楼地上 3 层，建筑高度 11.2m，副楼地上 2 层，建筑高度 7.9m，框架结构，主要用途为人员办公	所内水压不够，供水不足，给水排水管道锈蚀现象严重，大部分管道、阀门出现漏水、多处爆管等现象，排水管线老化严重，影响日常生产生活，存在全隐患	本项目主要是对室外管道及局部室内管道进行维修，并对涉及的装饰装修和透水砖路面进行恢复；其中，室外管道 360m、室内管道 5m

4. 设计方案

设计方案见表 4-5。

表 4-5　　　　设　计　方　案

技术方案	示意图
（1）生活给水系统： 1）从市政给水管网接入直径为 100mm 的进水管到供电所院内，供院内生活用水和室外消火栓用水；市政管网接院内管道的连接处设水表井，内设倒流防止器； 2）给水管在户外设水表，水表安装在室外水表井内。 （2）生活排水系统： 1）污水排进管道后排入室外化粪池； 2）厨房排水经隔油池处理后排至室外污水管网，汇至化粪池。 （3）生活热水系统：热水采用电热水器。 （4）管材及接口： 1）室内给水管管材。室内给水支管采用 PPR 给水管及相应管件，热熔连接；给水干管及立管采用热浸镀锌涂塑钢管，管道直径不大于 80mm 时采用螺纹连接，不小于 100mm 时采用法兰或沟槽连接。 2）排水管道。排水管采用 PVC-U 管，粘结连接；埋地管采用机制柔性接口排水铸铁管。 3）明装及吊顶内的生活给排水做防结露保温，厚度为 20mm，所有管道保温均应在管道防腐及试验压力合格后施工。 （5）阀门及附件：给水管直径小于 50mm 时采用全铜质截止阀；不小于 50mm 时采用全铜质闸阀。 （6）室外给水管更换后透水砖路面恢复做法： 1）将基层填筑的素土夯实填好； 2）在素土层上铺设 200mm 厚级配碎石（由不同大小碎石按照规定比例组成的碎石混合物）并碾实； 3）在碎石层上浇筑 30mm 厚 DS 干拌砂浆（干拌地面、楼面、屋面的抹面砂浆、找平砂浆），然后铺贴 60mm 厚透水路面砖； 4）将干石灰粗砂拌和物扫入砖缝内，并在砖缝表面洒水进行封缝。 （7）室内顶棚给水管更换后吊顶恢复做法： 1）将装饰石膏板安装在 U 型龙骨上； 2）石膏板板底刮 2mm 厚耐水腻子； 3）腻子干燥后，表面刷一道封底漆； 4）底漆干燥后，喷、刷两道乳胶漆面层。 主要用材：挖沟土方 572.08m^3、室外塑料复合管 360m、室内给水塑料管 5m、砌筑井 7 座、阀门 7 个等	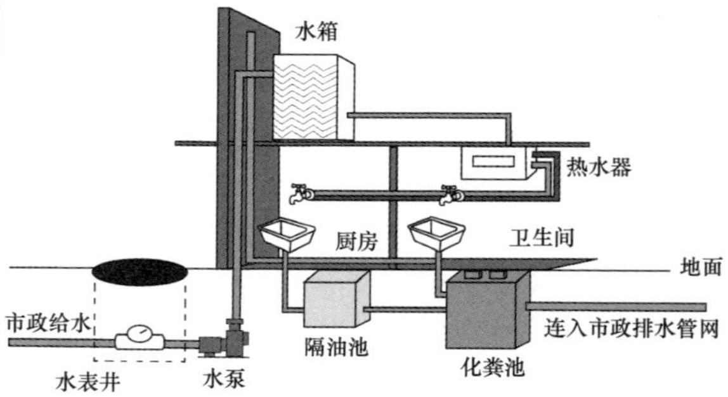

5. 典型管理经验

典型管理经验见表 4-6。

表 4-6　　典型管理经验

工期及造价	管理重点
实施过程中建筑物处于在运行状态，项目于 11 月底开工至 12 月竣工，共计实施 9d，施工结算金额为 50.37 万元	（1）前期准备：本项目给水管道需要连接到市政管网，在项目准备阶段需要事先与相应的市政部门进行沟通协调。 （2）材料选购与管理：给排水管道和配件涉及多种口径、型号，品种繁多，应严格按照设计要求选购质量优良的管材及其配件，用料管理要规范，避免浪费。 （3）管道的安装：不同管材的连接方式要符合设计要求；遵循小管让大管、水管让风管、有压管让自流管的安装原则。 （4）质量管理：室外埋地给水管道需进行压力试验，确保不会出现渗漏后，进行回填作业。 （5）注意事项：对设备的选型要充分考虑节水、节能等方面性能

6. 选用清单

选用清单见表 4-7。

表 4-7　　选用清单

序号	子目名称	单位	工程量
1	室外管道（塑料复合管）	m	360
2	砌筑井	座	7
3	阀门	个	7
4	室内给水塑料管	m	5
5	室外透水砖地面恢复	m^2	540
6	挖沟土方	m^3	572.08
7	吊顶恢复	m^2	18.8

二、卫生洁具典型方案

1. 项目名称

国网北京 ×× 供电公司 ×× 生产综合楼给水排水分系统卫生间给排水管道及直饮水装置改造。

2. 设计依据

（1）《城市道路——沥青路面》（15MR201）。
（2）《建筑给水排水设计标准》（GB 50015—2019）。
（3）《建筑节能工程施工质量验收标准》（GB 50411—2019）。
（4）《节水型卫生洁具》（GB/T 31436—2015）。
（5）《卫生洁具排水配件》（JC/T 932—2013）。

3. 建筑现状及维修改造内容

建筑现状及维修改造内容见表 4-8。

表 4-8　　建筑现状及维修改造内容

建筑信息	维修改造原因	维修改造规模及主要内容
国网北京 ×× 供电公司 ×× 生产综合楼建于 1996 年，建筑面积 6000m^2，地上 6 层，地下 2 层，框架结构，主要用途为人员办公	卫生洁具因常年使用，老化及渗漏现象严重，大部分管道、阀门已开始渗漏，无法满足正常的生产生活需求	本项目中需改造的卫生间及盥洗间地面约 248m^2，主要是对卫生洁具、排水管道等进行维修和更换，并对涉及的土建、电气及装饰工程进行拆除和恢复

4. 设计方案

设计方案见表 4-9。

表 4-9　　设　计　方　案

技术方案	示意图
（1）设备、管道安装： 1）安装洗脸盆 30 组、蹲便器 30 组、立式红外感应式小便器 10 组； 2）安装厕浴小便器隔断 10 间、成品卫浴隔断 30 间、拖布池 15 个、仿石洗漱台带下柜 27m、镜箱 30 套、木门 31.5m^2； 3）更换直饮水机； 4）更换排水塑料管。 （2）卫生间、盥洗间墙面修复： 1）用 DP-HR 砂浆（高保水性内外墙、顶棚抹面砂浆）修补原墙面，并将表面处理粗糙； 2）抹 8mm 厚 DP-HR 砂浆形成平整表面； 3）刷 1.5mm 厚聚合物水泥基防水涂料； 4）铺 5mm 厚 DTA 砂浆（干拌瓷砖粘结砂浆），粘贴 6mm 厚面砖，用 DTG 砂浆（瓷砖嵌缝剂）勾缝。 （3）卫生间、盥洗间地面恢复做法： 1）浇筑强度为 C15 的细石混凝土垫层，向地漏找坡，坡度为 1%，最薄处 35mm；四周边及竖管根部用 DS 干拌砂浆抹成小八字角； 2）浇筑 20mm 厚 DS 干拌砂浆，抹成平整表面； 3）涂抹 1.5mm 厚聚合物水泥基防水涂料，四周上翻离墙、柱根部 300mm 高； 4）铺 5mm 厚 DTA 砂浆粘结 10mm 厚防滑地砖 / 仿石地砖，采用 DTG 砂浆擦缝。 （4）卫生间、盥洗间顶面恢复： 1）钢筋混凝土板内预留直径为 10mm 钢筋吊环（勾），双向间距小于 1500mm（预制混凝土板可在板缝内预留）； 2）安装直径为 6mm 钢筋吊杆，双向间距小于 1500mm，吊杆上部与板底预留吊环（勾）固定； 3）安装 U 型轻钢龙骨，间距小于 1500mm，平整后与钢筋吊杆固定； 4）安装 0.5～0.8mm 厚铝方板。 主要用材及设备：直径为 150mm 的 PVC-U 排水塑料管共计 745m、蹲便器 30 套、小便器 10 套、洗脸盆 30 套、直饮水机 5 套等	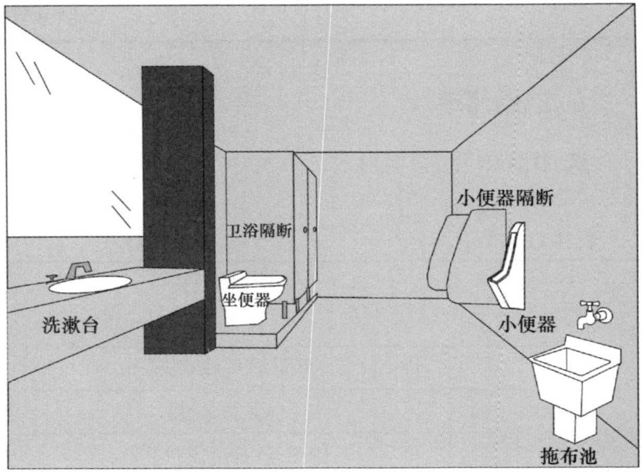

5. 典型管理经验

典型管理经验见表 4-10。

表 4-10　典型管理经验

工期及造价	管理重点
实施过程中建筑物处于在运行状态，项目于 9 月开工至 11 月竣工，共计实施 2 个月，施工结算金额为 83.45 万元	（1）安装注意事项：洁具安装位置应准确，安装时不得破损；洁具安装钻孔时，注意避开水电管线位置；卫生间地面排水通畅，不得有积水。 （2）成品保护：卫生间防水涂料层施工完成后注意成品保护，后续施工严禁破坏防水层。 （3）注意事项：对设备的选型要充分考虑节水、节能等方面性能

6. 选用清单

选用清单见表 4-11。

表 4-11　选用清单

序号	子目名称	型号规格及主要参数	单位	工程量
1	洗脸盆		组	30
2	大便器（蹲便器）		组	30
3	小便器安装	立式、红外感应式	组	10
4	PVC-U 排水塑料管	直径（mm 以内）150	m	745
5	直饮水机		套	5
6	灯具	LED	套	45
7	插座	单相、双联	套	40
8	厕所排气扇		台	15
9	跷板式暗开关	双控、二联	套	25
10	管内穿线、BV 型 500V		m	500

续表

序号	子目名称	型号规格及主要参数	单位	工程量
11	厕浴小便器隔断	胶合板	间	10
12	成品卫浴隔断		间	30
13	拖布池		个	15
14	仿石洗漱台	带下柜	m	27
15	镜箱		套	30
16	木门		m^2	31.5
17	地面地砖	防滑地砖	m^2	248
18	顶面铝合金方板		m^2	248
19	墙面釉面砖		m^2	487
20	蹲便地台		m^2	59

三、直饮水系统典型方案

1. 项目名称

国网北京 ×× 供电公司 ×× 综合楼给水排水分系统直饮水系统改造。

2. 设计依据

（1）《民用建筑节水设计标准》（GB 50555—2010）。

（2）《建筑与小区管道直饮水系统技术规程》（CJJ/T 110—2017）。

（3）《室外给水设计规范》（GB 50013—2006）。

（4）《室外排水设计规范》（GB 50014—2006）。

（5）《建筑给水排水设计标准》（GB 50015—2019）。

（6）《建筑给水排水及采暖工程施工质量验收规范》（GB 50242—2002）。

3. 建筑现状及维修改造内容

建筑现状及维修改造内容见表 4-12。

表 4-12　　建筑现状及维修改造内容

建筑信息	维修改造原因	维修改造规模及主要内容
国网北京 ×× 供电公司 ×× 综合楼建于 1999 年，建筑面积 10609m^2，地上 6 层，地下 1 层，框架结构，主要用途为人员办公	既有建筑无直饮水系统，只有使用年限较长的开水器，同时，综合楼内外市政供水管线年久失修，导致水质较硬，水垢沉积严重，无法满足使用需求	本项目主要是对现有直饮水管路故障进行疏通改造，并改造地下一层的饮用水净化装置；其中，给水管道 120m、PVC-U 塑料管 143.66m、直饮水设备 36 台、净水设备 36 台

4. 设计方案

设计方案见表 4-13。

表 4-13　　设　计　方　案

技术方案	示意图
（1）全面排查现有给水管路故障并进行疏通。 （2）对管径较小或者堵塞老化严重的给水管路进行更换。 （3）新增直饮水机以及加热设备。 （4）饮用水净化装置竖向不分区，净化水管材选用铜管，阀门阀芯采用全铜质阀芯。 主要用材及设备：给水管道 120m、PVC-U 塑料管 143.66m、直饮水设备 36 台、净水设备 36 台、地漏 36 个、阀门 64 个、配电箱 36 台	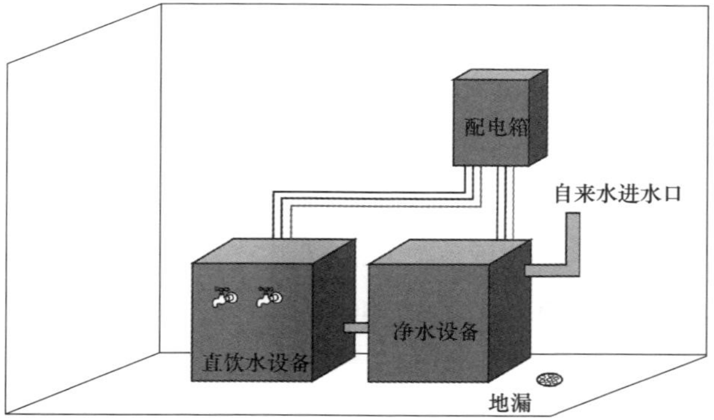

5. 典型管理经验

典型管理经验见表 4-14。

表 4-14　　典型管理经验

工期及造价	管理重点
实施过程中建筑物处于在运行状态，项目于 9 月开工至 10 月竣工，共计实施 17d，施工结算金额为 87.23 万元	（1）设备选购：应选择质量可靠、售后有保障的大品牌产品，保障员工饮水安全。 （2）设备布置：净水设备安放位置的上方房间不应设置排水管道及卫生间，房间的地面、墙壁、天花板应选用防水、防腐、防霉、易消毒、易清洗的材料进行铺设。 （3）安装要求：安装直饮水设备时，要保证环境清洁，不得污染设备；各个配件接口处要保证连接准确、密合；直饮水系统经冲洗后，用消毒液对管网灌洗消毒。 （4）质量验收：工程施工质量、设备安装质量及用户端的出水水质应严格按照相应标准要求进行检测和验收；开放最大数量的配水点，检测是否达到额定流量。 （5）注意事项：对设备的选型要充分考虑节水、节能等方面性能

6. 选用清单

选用清单见表 4-15。

表 4-15　　选用清单

序号	子目名称	单位	工程量
1	给水管道（不锈钢管）	m	120
2	PVC-U 塑料管	m	143.66
3	地漏	个	36
4	螺纹阀门	个	64
5	直饮水设备	台	36
6	净水设备	台	36
7	配电箱	台	36

四、污水管线典型方案

1. 项目名称

国网北京 ×× 公司 ×× 综合楼给水排水分系统室外污水管线维修。

2. 设计依据

（1）《室外排水设计规范》（GB 50014—2006）。

（2）《室外给水设计规范》（GB 50013—2006）。

（3）《建筑给水排水设计标准》（GB 50015—2019）。

（4）《建筑给水排水及采暖工程施工质量验收规范》（GB 50242—2002）。

（5）《钢筋混凝土化粪池》（03S702）。

3. 建筑现状及维修改造内容

建筑现状及维修改造内容见表 4-16。

表 4-16　建筑现状及维修改造内容

建筑信息	维修改造原因	维修改造规模及主要内容
国网北京 ×× 公司 ×× 综合楼建于 1987 年，建筑面积 12651m²，共 4 栋楼，均为框架结构，主要用途为人员办公	化粪池和部分室外污水管线损坏严重，新修建的地下电梯井侧墙壁紧靠室外化粪池及污水管道，化粪池防水层老化，管道渗水，导致污水渗入地下电梯井，造成严重的安全隐患	本项目主要是对 A 楼下的化粪池和部分室外污水管线进行维修，包含新建 1 座有效容积 12m³ 的化粪池、拆除原有的部分室外污水管线、新建管道 49.5m

4. 设计方案

设计方案见表 4-17。

表 4-17　　设　计　方　案

技术方案	示意图
（1）室外化粪池： 1）将原有的砖砌化粪池回填废弃； 2）拆除室外混凝土道路，新建 1 座钢筋混凝土结构的 3 号化粪池，长 4800mm、宽 2100mm，有效容积 $12m^3$，池顶有覆土，可过车。 （2）室外排水管： 1）拆除原有的部分室外污水管线，进行回填处理，新建管道部分重新挖管道沟，与污水检查井连接； 2）更换原有室外排水管道，采用直径为 200mm 的镀锌钢管。 主要用材：化粪池 1 座、铁井盖 2 个、污水井 4 座、镀锌钢管 49.5m	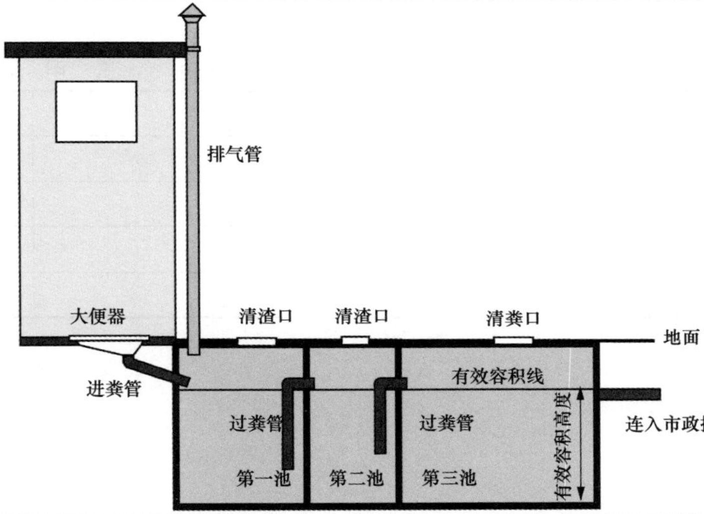

5. 典型管理经验

典型管理经验见表 4-18。

表 4-18　　典 型 管 理 经 验

工期及造价	管理重点
实施过程中建筑物处于在运行状态，项目于 4 月开工至 5 月竣工，共计实施 1 个月，施工结算金额为 17.85 万元	（1）施工要求：施工不得占用整个路面，不得影响行人和车辆通行，施工垃圾必须及时清理；抗渗混凝土要振捣密实、加强养护，防止出现裂缝。 （2）质量要求：化粪池混凝土的密实性应满足抗渗要求，所有混凝土采用抗渗混凝土；排水管道坡度要满足设计要求。 （3）安全措施：施工现场设置警示标识和围挡，防止行人和车辆坠落

6. 选用清单

选用清单见表 4-19。

表 4-19　　选　用　清　单

序号	子目名称	单位	工程量
1	化粪池	座	1
2	铁井盖	个	2
3	污水井	座	4
4	镀锌钢管	m	49.5

第五章　电 气 分 系 统

第一节　概　　述

简介：电气分系统（见图 5-1），是指由配电变压器、高低压配电屏、动力柜、电缆、开关等部件组合构成的用于电能转换、分配和接受的系统。

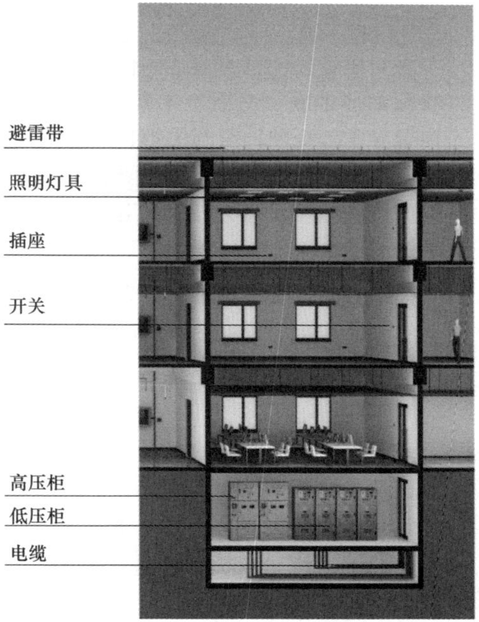

图 5-1　电气分系统示意图

一、技改大修原因、策略及流程

技改大修原因、策略及流程见表 5-1。

表 5-1　　技改大修原因、策略及流程

子系统	技改大修原因	技改大修策略	流程
供配电子系统	建筑物使用功能或使用性质发生改变，供电不足	增加外电源接入或进行增容或增设应急电源装置（EPS）	（1）现场踏勘和原始图纸核对：结合改造需求，对所对应的供配电系统、照明系统、电气线路系统、防雷系统进行现场踏勘，并对照建筑原始电气设计图纸进行仔细核对。 （2）改造设计：设计单位根据需求和现场踏勘情况制订改造方案；电气系统需要整体改造的，应拆除全部原有设施，仅保留建筑主体结构；电气系统需要局部改造的，应考虑土建现状、原有系统形式、强弱电条件等问题，着重解决系统衔接、原系统最小化调整等问题。 （3）施工准备：选择具有机电安装资质的施工单位；在施工前熟悉施工图纸，组织施工方、监理方、设计方在施工现场核对图纸，依据施工图在现场确认电气设备和线路的位置，并在相应位置上做标记；检查进场设备及电线电缆质量。 （4）施工与质量监督：施工单位编制含有针对电气改造具体施工部署、安装方法、质量要求等内容的施工组织设计；施工单位按照已批准的施工组织设计进行施工，要求监理按照同样的施工组织设计进行监督管理。 （5）竣工验收：联合设计、施工、监理单位，对改造电气系统按照《建筑电气工程施工质量验收规范》（GB 50303—2015）进行验收
	建筑物使用功能或使用性质发生改变，开关柜数量不足	增设开关柜	
	因变压器长期运行或达到使用年限，出现渗漏油或油温、油面不正常，绝缘件损坏、声音异常等现象；因开关柜长期运行或达到使用年限，开关柜存在开关防误闭锁功能缺失或开关绝缘受损、内部放电等严重缺陷；保护及自动装置设备异常	整体更换	
	配电房综合自动化监控系统硬件设备损坏或系统版本较低，出现信息传输不畅或测量信息不准	改造相应设备或系统	
照明子系统	消防照明系统不符合消防要求	增设或改造消防照明系统	
	灯具亮度不足、不节能	更换节能环保的灯具，同时引入智能照明控制系统	
电气线路子系统	原电线电缆材料不满足消防要求	更换电线电缆	
	因功能改变，电气线路不满足使用要求	重新布线或增设线路	
	因绝缘老化等原因，导致低压电缆（线）相间接地、绝缘击穿等故障频发	更换低压供电线路及开关设备	

续表

子系统	技改大修原因	技改大修策略	流程
电气线路子系统	因新增较大用电设备，导致楼宇用电负荷增大，现有低压线路额定电流已无法满足正常工作需要	更换低压供电线路或增加敷设电缆及开关设备	
防雷子系统	原有防雷接地体系被破坏	修复或重新敷设接地体系	
	原防雷接闪网（避雷带或避雷器）损坏	根据防雷等级重新敷设接闪网（避雷带或避雷器）	
	室内电气设备防雷防护缺失或损坏	增加或替换电源浪涌保护器（防雷器）	

二、常用接线方式

常用接线方式见表 5-2。

表 5-2　常用接线方式

接线方式	简介及适用范围	优点	缺点
放射式	从低压母线到用电设备或二级配电箱均由独立的线路直接供电，沿线不支持其他负荷。适用于负荷比较集中、电容量较大的场所或重要的用电设备	线路敷设简单；当其中的一路发生故障时，不影响其他干线的供电，供电可靠性高	低压母线出线回路较多，耗用的电缆或导线较多
树干式	在低压母线所引出的配电干线上可以直接连接 3～5 个分配电箱或用电设备，每个用电负荷从该干线上直接接出分支线。适用于用电设备分布较广且布置较均匀、电容量不大、对供电无特殊要求的场所	敷设简单，低压母线出线回路少，可以节省导线和控制设备	可靠性比放射式接线方式差，干线发生故障时影响范围大
混合式	对于重要负荷采用放射式，对于一般负荷采用树干式，在民用建筑中最为常见	灵活性好	线路较为复杂

三、常用导线敷设方式

常用导线敷设方式见表 5-3。

表 5-3　常用导线敷设方式

接线方式	简介及适用范围	优点	缺点
直敷布线	施工便捷，成本较低	易腐蚀，易受损伤	一般适用于正常环境室内场所，一般应采用护套绝缘电线，严禁直敷于建筑的顶棚内、墙体及顶棚的抹灰层、保温层及装饰面板内
金属管布线	不易损伤	价格较高	一般适用于室内、外场所，但对金属管有严重腐蚀的场所不宜使用
硬质塑料管布线	耐腐蚀性强，质量轻，施工简单	易受机械损伤	一般适用于室内场所和有酸碱腐蚀性介质的场所，但在易受机械损伤的场所不宜采用明敷
金属线槽布线	不易损伤，耐火性好	质量较大	一般适用于正常环境的室内场所明敷，但对金属管有严重腐蚀的场所不应使用
塑料线槽布线	耐腐蚀性强，质量轻，施工简单	不耐高温，易受机械损伤	一般适用于正常环境的室内场所，在高温和易受机械损伤的场所不宜采用

第二节　典　型　方　案

一、低压电缆典型方案

1. 项目名称

国网北京 ×× 供电公司 ××4 号院综合楼电气分系统主楼低压电缆改造。

2. 设计依据

(1)《电气装置安装工程　电缆线路施工及验收标准》(GB 50168—2018)。
(2)《电气装置安装工程　电气设备交接试验标准》(GB 50150—2016)。
(3)《建筑电气工程施工质量验收规范》(GB 50303—2015)。
(4)《供配电系统设计规范》(GB 50052—2009)。
(5)《通用用电设备配电设计规范》(GB 50055—2011)。
(6)《民用建筑设计统一标准》(GB 50352—2019)。
(7)《建筑设计防火规范》(GB 50016—2014)。

3. 建筑现状及维修改造内容

建筑现状及维修改造内容见表 5-4。

表 5-4　建筑现状及维修改造内容

建筑信息	维修改造原因	维修改造规模及主要内容
国网北京 ×× 供电公司 ××4 号院包含 6 栋楼，其中，1 号主楼办公楼建于 1982 年，建筑面积 3487m^2，地上 5 层，砖混结构，主要用途为人员办公	主楼原有低压电缆容量和技术参数已不能满足办公需求和技术要求，给管理工作带来诸多不便，线路老化，存在安全隐患	本项目主要是对 1 号主楼办公楼内低压电缆进行改造，在 5 层楼内更换 35mm^2 电缆 106.47m，室内更换 6mm^2 低压线 4950m，并更换全部楼内配电箱

4. 设计方案

设计方案见表 5-5。

表 5-5　　设计方案

技术方案	示意图
（1）线缆更换：一层主配电柜至 1～5 层沿桥架敷设 35mm² 铜质线缆。 （2）配电箱安装：每层楼墙上安装动力配电箱及照明配电箱。 （3）室内低压线更换：配电箱到卫生间、配电箱到空调设备处，敷设 6mm² 铜质电线。 主要用材及设备：低压开关柜 5 组、铺装桥架及 35mm² 电缆 106.47m、动力配电箱 5 套、照明配电箱 5 套、薄壁钢管 1950m、6mm² 铜质电线 4950m	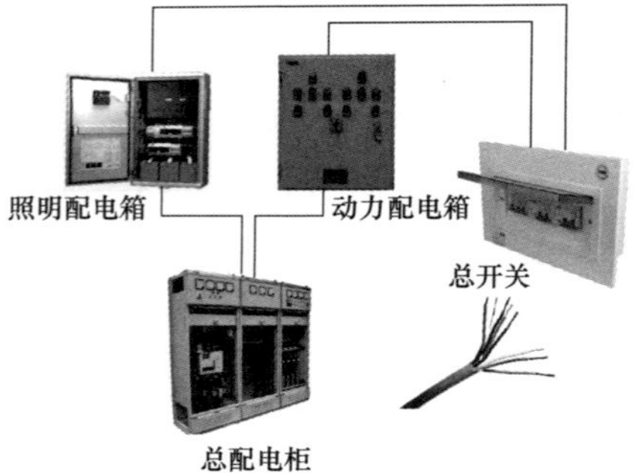

5. 典型管理经验

典型管理经验见表 5-6。

表 5-6　　典型管理经验

工期及造价	管理重点
实施过程中建筑物处于在运行状态，项目于 9 月开工至 10 月竣工，共计实施 1 个月，施工结算金额为 42.91 万元	（1）材料检查：核对电缆和电线的型号、数量、长度、规格是否正确，检查其外观是否完好，检查电缆封端部位是否密封完好。 （2）电缆敷设：施工过程中防止损坏电缆，如弯曲过大易造成保护层破损等，尽量减少电缆接头数量，控制接头质量。 （3）配电箱安装：检查配电箱线路是否因运输等因素而松脱，并逐一进行紧固，检查电器元件是否损坏，继电保护装置是否灵敏可靠；不得私自调整柜内线路

6. 选用清单

选用清单见表 5-7。

表 5-7　　选 用 清 单

序号	子目名称	单位	工程量
1	低压开关柜	台	5
2	照明配电箱	套	5
3	动力配电箱	套	5
4	钢制桥架	m	106.47
5	35mm^2 电缆	m	106.47
6	6mm^2 铜质电线	m	4950
7	薄壁钢管	m	1950

二、照明典型方案

1. 项目名称

国网北京 ×× 供电公司 ×× 生产综合楼电气分系统照明系统改造。

2. 设计依据

（1）《供配电系统设计规范》（GB 50052—2009）。

（2）《低压配电设计规范》（GB 50054—2011）。

（3）《建筑照明设计标准》（GB 50034—2013）。

（4）《民用建筑电气设计标准》（GB 51348—2019）。

（5）《通用用电设备配电设计规范》（GB 50055—2011）。

（6）《办公建筑设计标准》（JGJ/T 67—2019）。

3. 建筑现状及维修改造内容

建筑现状及维修改造内容见表 5-8。

表 5-8 建筑现状及维修改造内容

建筑信息	维修改造原因	维修改造规模及主要内容
国网北京 ×× 供电公司 ×× 生产综合楼建于 1997 年，建筑面积 5000m^2，钢筋混凝土框架结构，楼内四层和八层为配电、线缆工区，三层及以下为变电站	大楼电气系统至今已运行多年，线路绝缘老化，部分灯具损坏，影响日常办公，经日常运维检测和综合评价，存在安全隐患	本项目主要是对现有综合楼 4～8 层的电气分系统照明灯具、电线、开关等进行技改和配套拆除、恢复

4. 设计方案

设计方案见表 5-9。

表 5-9 设 计 方 案

技术方案	示意图
（1）照明及开关：照明方式为一般照明，配电班、入口大厅、卫生间等处采用就地设置照明开关控制，走廊和楼梯间采用声光控开关控制。 （2）照明、插座：分别由不同的支路供电。 （3）灯具：均选用一类灯具，均增加一根地线保护。 主要用材及设备：照明支路管线敷设 659m、平板灯 649 个、吸顶灯 10 个、开关 165 个、插座 114 个	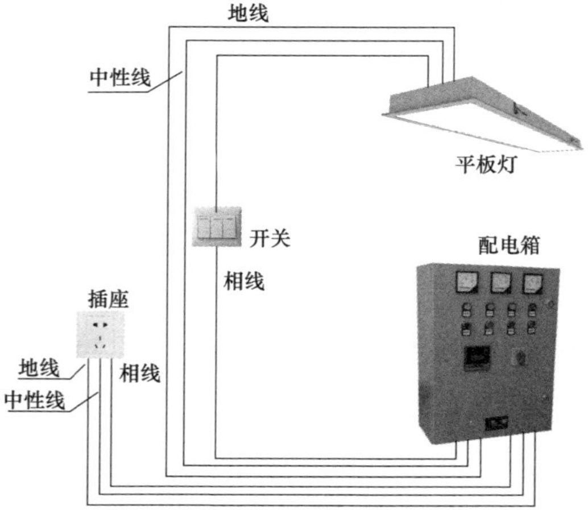

5. 典型管理经验

典型管理经验见表 5-10。

表 5-10 典 型 管 理 经 验

工期及造价	管理重点
实施过程中建筑物处于在运行状态，项目于 7 月开工至 10 月竣工，共计实施 3 个月，施工结算金额为 76.61 万元	（1）线路敷设：照明线路敷设采用绝缘槽板、穿管或固定在绝缘子上，不得接近热源或直接绑挂在金属构件上；穿墙时应套绝缘套管，管、槽内的电源线不得有接头。 （2）灯具安装：照明设备拆除后，不得留有可能带电的部分；照明装置采用金属支架时，支架应稳固，并采取接地或接零保护；照明灯具的悬挂高度不应低于 2.5m，不得任意挪动，低于 2.5m 时应设保护罩。 （3）插座开关安装：插座、开关安装必须按图纸标高要求安装，做好箱盒内清洁工作，板面横平竖直，与墙面平整、清洁；无特殊要求所有灯具开关距地 1.3～1.4m、距门边 0.1～2m。 （4）管理措施：施工现场临时用电工程必须由电气专业技术人员负责管理，明确职责，确定电气维修和值班人员，及时通知临时停电情况并统筹停电管理，减少因施工需要临时停电对正常办公的影响

6. 选用清单

选用清单见表 5-11。

表 5-11 选 用 清 单

序号	子目名称	型号规格及主要参数	单位	工程量
1	照明支路管线敷设	紧定（扣压）式薄壁钢管 暗敷设	个	659
2	灯具	600mm × 600 mm 平板灯	套	619
3	灯具	300mm × 300mm 平板灯	套	30
4	灯具	吸顶灯	个	10
5	跷板式暗开关（单控）	双联	个	165
6	插座支路管线敷设	镀锌钢管 单相插座	个	114

三、防雷子系统典型方案

1. 项目名称

国网北京 ×× 供电公司生产综合楼电气分系统防雷系统维修。

2. 设计依据

（1）《等电位联结安装》（15D502）。

（2）《利用建筑物金属体做防雷及接地装置安装》（15D503）。

（3）《接地装置安装》（14D504）。

（4）《建筑物防雷设计规范》（GB 50057—2010）。

（5）《北京市防御雷电灾害若干规定》（北京市人民政府令〔2002〕第 102 号）。

（6）《防雷减灾管理办法》（中国气象局令〔2013〕第 24 号）。

（7）《建筑物电子信息系统防雷技术规范》（GB 50343—2012）。

（8）《安全防范系统雷电浪涌防护技术要求》（GA/T 670—2006）。

3. 建筑现状及维修改造内容

建筑现状及维修改造内容见表 5-12。

表 5-12　　建筑现状及维修改造内容

建筑信息	维修改造原因	维修改造规模及主要内容
国网北京 ×× 供电公司生产综合楼建于 1995 年，由 5 栋办公楼组成，建筑面积 20000m^2，地上 6 层，地下 1 层，框架结构，主要用途为人员办公	屋顶防雷设施破损严重，无法满足现有防雷要求，存在重大安全隐患	本次主要是对建筑物的防雷系统进行维修，楼维修面积 130m^2，主要内容包括直击雷防护和室内防雷防护

4. 设计方案

设计方案见表 5-13。

表 5-13　设 计 方 案

技术方案	示意图
（1）直击雷防护：依据建筑物的高度、结构等采取直击雷防护措施，包括接闪装置（避雷针、带、网）、引下线和接地装置，并做有效的电气连接及接地连接。 （2）室内防雷防护：电源浪涌保护器主要安装在各楼层的配电箱及办公楼内的计算机网络、电话、有线电视和通信线路的进线配线箱处，并在楼内做出有效的等电位连接。 主要用材及设备：接地测试板 6 处、屋顶防雷网 216.85m、防雷引下线 205.2m	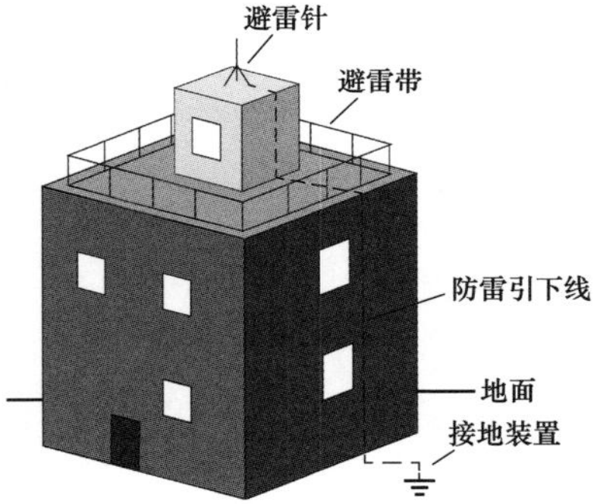

5. 典型管理经验

典型管理经验见表 5-14。

表 5-14　典 型 管 理 经 验

工期及造价	管理重点
实施过程中建筑物处于在运行状态，项目于 5 月开工至 6 月竣工，共计实施 29d，施工结算金额为 10.69 万元	（1）材料检查：对材料进行严格审核，保证材料的质量符合设计及相关规范要求，严格禁止在施工期间利用一些其他的金属或改制材料替代原本材料。 （2）施工要点：引下线施工中，避雷带需采用焊接方式连接引下线上端位置，引下线下端必须以建筑物基础内钢筋作为自然接地体。 （3）安全注意事项：在建筑防雷的施工过程中，施工人员会经常接触各种线路，注意提高安全意识，保障施工安全

6. 选用清单

选用清单见表 5-15。

表 5-15　　选 用 清 单

序号	子目名称	单位	工程量
1	接地测试板	处	6
2	屋顶防雷网	m	216.85
3	防雷引下线	m	205.2

第六章　供热采暖分系统

第一节　概　　述

简介：供热采暖分系统（见图 6-1），是指用人工方法通过消耗一定能源向室内供给热量，使室内保持生活或工作所需温度的技术、装备、服务的总称，主要包括热源、热媒输送管道和末端散热设备等。

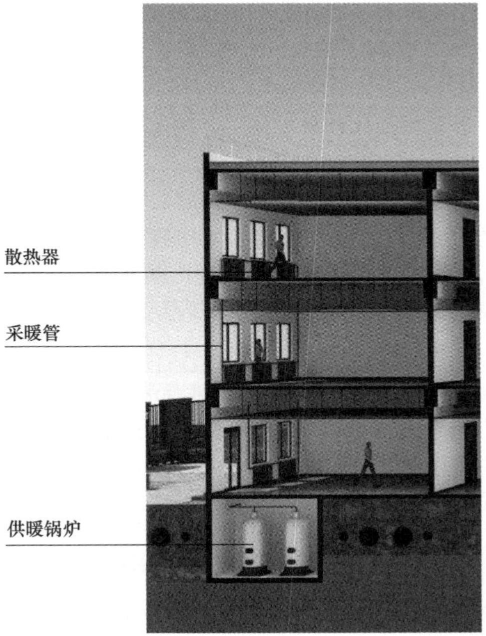

图 6-1　供热采暖分系统示意图

一、技改大修原因、策略及流程

技改大修原因、策略及流程见表 6-1。

表 6-1　　技改大修原因、策略及流程

子系统	技改大修原因	技改大修策略	流程
热源主设备	对于长时间运行的直热式电锅炉，所属地区出台有峰谷供电政策	更换或改造为蓄热式供热系统	（1）现场检查：结合改造需求和所存在的问题，对所对应的热源主设备、室内外管网，末端散热设备进行检查，分析问题产生的原因。 （2）改造设计：设计单位根据需求和现场踏勘结果制订改造方案；暖通改造设计需要从建筑实际情况与办公使用要求出发，结合相关标准，考虑室内外设计参数、热媒参数、热负荷以及系统阻力等因素，兼顾采暖设计的美观性和经济性；设计过程中，要进行多方案对比，确定最佳设计方案，完成详细的施工图。 （3）施工准备：在施工前熟悉施工图纸，组织施工方、监理方、设计方在施工现场核对图纸，依据施工图在现场确认采暖管线及设备的位置；按照设计要求检查进场管道、阀门及设备型号。 （4）施工与质量监督：在改造前，首先进行暖通系统管道、线路、设施拆除，先拆除需要回收设施，再进行报废部分拆除；改造过程中，管道安装坡度、补偿器的型号、安装位置和固定支架的构造及安装位置要符合设计要求，平衡阀或蒸汽阀减压阀安装完后应根据系统平衡要求进行调试并作出标志；散热器组对后，以及整组出厂的散热器在安装之前应作水压试验。
	热源主设备（电锅炉、燃煤锅炉、燃油锅炉、燃气锅炉、蓄热式锅炉等）关键指标不合格；热源主设备技术落后，相关技术参数不符合环保标准。 建筑物使用功能或使用性质发生改变，采暖面积增加。 热源主设备内部检验、外部检验或水压试验中均存在严重的缺陷问题且无法修复；热源主设备经过 2～3 次维修后，仍出现严重故障；锅炉热效率大幅降低，达不到室内采暖温度的要求	更换或改造热源主设备	
室外供热管网	市政管网变动	增设或迁移室外供热管网	
	建筑物使用功能或使用性质发生改变，且现有室外供热管网因管径小而供热能力受限，或因内管网系统改变导致室外供热管道无法满足供热需求	对室外供热管网进行管径扩容、整体更换或增设管网改造	
	建筑物使用功能或使用性质发生改变	对未设置采暖设施的非生产性房屋增设室外供热管网	
	室外供热管网出现大面积腐蚀、结垢、渗漏、保温破损严重等现象，跑、冒、滴、漏等问题频发	整体更换室外供热管网	

续表

<table>
<tr><th>子系统</th><th>技改大修原因</th><th>技改大修策略</th><th>流程</th></tr>
<tr><td rowspan="3">室内供热管道</td><td>建筑物使用功能改变，导致现有室内供热管道因管径偏小而供热能力受限，或因外管网系统改变导致室内供热管道无法满足供热需求</td><td>对室内供热管道进行管径扩容、整体更换或增设管网改造</td><td rowspan="5">（5）竣工验收：管道检查主要查看管道设置是否合理、是否按设计图纸进行施工、必要阀门是否安装、管道坡度是否合理、高点是否安装排气阀，发现问题及时整改处理，工程验收合格后签订验收合格单</td></tr>
<tr><td>因建筑物使用功能或使用性质发生改变</td><td>对未设置采暖设施的非生产性房屋增设室内供暖系统</td></tr>
<tr><td>室内供热管道出现大面积腐蚀、结垢、渗漏、保温破损严重等现象，跑、冒、滴、漏等问题频发</td><td>整体更换室内供热管道</td></tr>
<tr><td rowspan="2">末端设备</td><td>建筑物使用功能或使用性质发生改变</td><td>整体更换或新增散热器、地暖、发热电缆、电热膜等采暖末端设备</td></tr>
<tr><td>发热电缆、电热膜等采暖末端设备接近或超过使用年限，采暖效果差、无法满足正常使用功能；散热设备或地暖等末端设备接近或超过使用年限，出现腐蚀、漏水、爆裂等现象</td><td>整体更换</td></tr>
</table>

二、管道和散热器常用选型

管道和散热器常用选型见表 6-2。

表 6-2　管道和散热器常用选型

类别	类型	简介	优点	缺点
管道	PPR 管	家用或小型办公楼中央空调水系统管道，大型中央空调水系统支管	价格适中、性能稳定，耐热保温，耐腐蚀，内壁光滑、不结垢	膨胀系数大，易老化，长期工作温度不能超过 70℃

续表

类别	类型	简介	优点	缺点
管道	普通焊接钢管（热镀锌钢管）	当水系统工作压力 p_g≤1.0MPa、系统管道最大公称直径不大于150mm时，选择普通焊接钢管（热镀锌钢管）	防锈、抗冻性好，强度较高	易腐蚀，价格较高
	加厚焊接钢管（热镀锌钢管）	当水系统工作压力满足1.0MPa＜p_g≤1.6MPa、系统管道最大公称直径不大于150mm时，可选择加厚焊接钢管（热镀锌钢管）	防锈、抗冻性好，强度较高	易腐蚀，价格较高
	无缝钢管	当水系统工作压力满足1.6MPa＜p_g≤2.5MPa且系统竖向不分区时，不论其公称直径为多大均应选择无缝钢管	可承受较大水压，坚固、耐撞，安全、可靠，使用寿命长	价格高
散热器	钢制散热器	钢制散热器就是低碳钢暖气片，是现在市场上新型主流散热器之一，主要有钢制板式和钢制柱式两种类别	外形美观、款式多，暖气片的造型、颜色可塑性较强，可以定制，可选择性强，抗压能力强，价格适中，性价比高，热效率高，低碳、节能	易发生氧化，耐腐蚀性较差，不适用于卫生间等潮湿环境
	铜铝复合柱翼型散热器	采用精密涨压工艺把铜管与铝材做成散热元件的新型高效节能采暖散热器	抗压能力强，散热性能优良，采暖热水在铜管中流动，不与铝接触，结合铜良好的抗腐蚀性能和铝优秀的散热能力，充分发挥暖气片散热量大、升温迅速的优势，更高效节能，使用寿命长	价格较高
	铝制散热器	主要有高压铸铝和拉伸铝合金焊接两种，高压铸铝为一次整体压铸成型，无焊缝漏水问题	价格低廉，散热效果好，外形美观，轻薄，散热性好，耐腐蚀性好，可以用于卫生间等潮湿场所	耐腐蚀性能较差，不能在偏碱性水质中使用，易发生氧化，寿命较短
	铸铁散热器	铸铁散热器材质为灰铸铁，按结构型式分为柱型、翼型、柱翼型和板翼型	热惰性较好，耐腐蚀，使用寿命长，价格较低，可以用于卫生间等潮湿场所	外观不美观，技术落后，能耗较高

第二节　典　型　方　案

1. 项目名称

国网北京 ×× 公司 ×× 办公区供热采暖分系统暖气管线维修。

2. 设计依据

（1）《民用建筑供暖通风与空气调节设计规范》（GB 50736—2012）。

（2）《民用建筑设计统一标准》（GB 50352—2019）。

（3）《公共建筑节能设计标准》（GB 50189—2015）。

（4）《建筑给水排水及采暖工程施工质量验收规范》（GB 50242—2002）。

（5）《建筑节能工程施工质量验收标准》（GB 50411—2019）。

（6）《供热计量技术规程》（JGJ 173—2009）。

3. 建筑现状及维修改造内容

建筑现状及维修改造内容见表 6-3。

表 6-3　建筑现状及维修改造内容

建筑信息	维修改造原因	维修改造规模及主要内容
国网北京 ×× 公司 ×× 办公区建于 1998 年，建筑面积 2317m²，地上 2 层，地下 1 层，砖混结构，主要用途为人员办公	室内部分采暖干管出现多次爆裂的情况，有些采暖干管及支管因水垢、老化、锈蚀，已经出现不同程度的麻眼、锈斑、渗漏，严重影响室内设备设施的使用与美观，同时，室外供热管网出现腐蚀、渗漏现象，散热器经常出现漏水情况	本项目主要是对办公区供热采暖分系统及配套设施进行维修，包含原有损坏的采暖管道和散热器，其中，需要维修的暖气管线长度 1840m

4. 设计方案

设计方案见表 6-4。

表 6-4　　设　计　方　案

技术方案	示意图
（1）供热设计：散热器采用集中采暖，按连续供热进行设计，采暖热负荷（向建筑物供给的热量）为 229.2kW，改造后可以实现分室控制室温。 （2）管道系统：各楼层散热器用垂直供热管连接，分别设置供水管与回水管，与各散热器并联组成回路，采暖供回水管道敷设于首层或地下一层梁下，系统管道均保证高点放气、低点泄水；采暖管道由直埋方式引入室内，采暖水系统各个支路回水支管上设置水力平衡阀。 （3）管道材料与保温：采暖供回水管均采用热镀锌钢管，所有非采暖房间内的供回水干管、暖沟内采暖供回水管道做保温处理，保温材料采用铝箔离心玻璃棉管壳。 （4）散热器：散热器采用钢制四柱形散热器，承压为 1MPa；每组散热器上设高阻力两通温控阀，可以实现分室控制温度。 主要用材及设备：阀门 307 个、暖气管线 1840m、钢制四柱散热器 1668 个	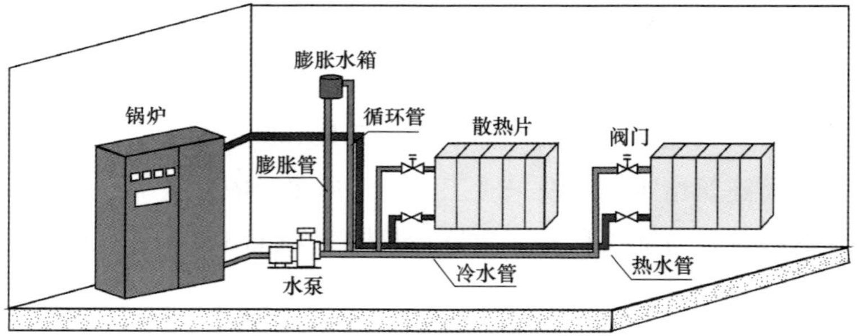

5. 典型管理经验

典型管理经验见表 6-5。

表 6-5 典型管理经验

工期及造价	管理重点
实施过程中建筑物处于在运行状态，项目于 8 月开工至 11 月竣工，共计实施 3 个月，施工结算金额为 62.18 万元	（1）产品要求：暖通工程所使用的器材，无论体积大的管材、管件，还是用于卫生间的散热器，都必须带有经过检测且符合国家质量要求的出厂合格证书。 （2）安装要点：热水管道的高点和低点，应分别装设放气阀和放水阀；热水系统的施工应特别注意系统设备和管线的保温，以降低热量损耗。 （3）质量检查：维修完成后在试运行时，注意供热管道设备及其附件不得有泄漏；管道启动前，应仔细检查有关维护检修的质量情况，经检查符合启动要求后方能启动。 （4）注意事项：对设备的选型要充分考虑环保节能等方面性能

6. 选用清单

选用清单见表 6-6。

表 6-6 选用清单

序号	子目名称	单位	工程量
1	阀门	个	307
2	暖气管线	m	1840
3	钢制四柱散热器	个	1668

第七章　空调通风分系统

第一节　概　　述

简介：空调通风分系统（见图 7-1），是指用于保障和调节空间内温度、湿度、洁净度等空气环境质量的综合系统，包括由冷热源、输送管道以及自动控制调节设备等组成的空调系统和送排风机、风道、风道部件、消声器等组成的通风系统。

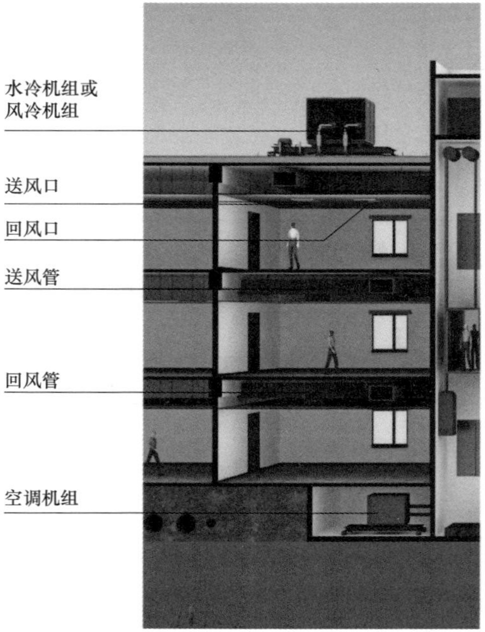

图 7-1　空调通风分系统示意图

一、技改大修原因、策略及流程

技改大修原因、策略及流程见表 7-1。

表 7-1 技改大修原因、策略及流程

子系统	技改大修原因	技改大修策略	流程
空调冷热源设备	建筑物使用功能或使用性质发生改变	新增、改变空调类型或更换空调冷热源设备	（1）现场踏勘检查：结合改造需求和所存在的问题，对所对应的空调冷热源设备、空调水子系统，空调风子系统、通风子系统进行现场踏勘检查，分析问题产生的原因。 （2）改造设计：设计单位根据需求和现场检查结果制订改造方案；设计单位要详细查阅气象参数、当地环保要求、结合实地踏勘情况进行符合实际的设计；合理选择冷热源和空气处理系统，不断优化空调与通风系统；严格按照《建筑工程设计文件编制深度的规定（2016 版）》（建质函〔2016〕247 号）进行设计，图纸对管网的连接、防腐、保温、功能性试验、安装要求等相关情况要做出具体说明。 （3）施工准备：在施工前熟悉施工图纸，组织施工方、监理方、设计方在施工现场核对图纸，检查管道、通风、电气线路、空调的敷设位置和走向是否存在冲突，水管、电线、气管、风管道在安装施工中的衔接部位和施工顺序是否明确；按照设计要求检查进场管道、阀门、保温材料及设备型号。 （4）施工与质量监督：在改造前，首先进行空调与通风系统管道、设施拆除，先拆除需要回收的设施，再进行报废部分拆除；所有设备都应安装在正确的坐标位置上，在设备就位前，应该按照施工图纸画出吊装的基准线；严格按照管线的位置和标高进行管线安装，安装前应该复核预留孔洞的位置和尺寸，管道和管道配件在安装前要进行清洁；水系统管道安装完成后进行打压试验，风管系统管道安装完成后进行严密性检验；通风与空调工程安装完毕后，必须按照相关规范进行运行与调试。
	因空调冷热源机组运行时间接近或超过预期使用年限，机组出现出水温度异常、制冷能力急剧下降、噪声极大、异常振动、锈蚀、漏水等现象	整体更换空调冷热源机组	
	空调冷热源机组发生出水温度异常、压缩机过热等故障，影响系统制冷、制热效果	更换压缩机	
	换热器翅片发生锈蚀风化严重、蒸发器、冷凝器、再生器透水或磨损老化等故障，影响系统制冷、制热效果	更换相应器件	
	成套控制系统电路及元器件严重老化或失效，无法正常控制调节温度	更换成套控制系统	

续表

子系统	技改大修原因	技改大修策略	流程
空调水子系统	建筑物使用功能或使用性质发生改变	配套新增相应类型的空调水子系统	（5）竣工验收：联合设计方、施工方、对改造完成的工程按照《通风与空调工程施工质量验收规范》（GB 50243—2016）进行验收，签署工程竣工验收单
	冷却塔、水泵、蓄冰槽、换热器等设备及水管道等附属设施老化、腐蚀、磨损、功能丧失、振动剧烈、缩径、漏水现象严重	局部或整体更换	
空调风子系统	建筑物使用功能或使用性质发生改变	配套新增相应类型的空调风子系统	
	风机盘管、新风机组、组合式空调机组等末端设备及风系统管道等附属设施损坏、漏水、漏风、噪声剧烈、老化、锈蚀、堵塞等现象严重	局部或整体更换	
通风子系统	经消防专业机构检测评定，现有用房未设置防排烟设施或现有防排烟设施不符合相关现行消防规范	增设或整体更换通风子系统	
	建筑物使用功能或使用性质发生改变	配套新增相应类型的通风子系统	
	送排风风机风量及风压达不到技术要求，出现风系统管道锈蚀漏风、防排烟风机锈蚀老化严重等现象，系统故障多发或已不能正常运行	局部或整体更换	
	风系统管道防腐保温层破损	更换风管道系统防腐保温层	

二、空调冷热源常用方案

空调冷热源常用方案见表 7-2。

表 7-2　空调冷热源常用方案

序号	冷热源方案	工作原理	优点	缺点
1	压缩式制冷机组＋市政热网	仅能以电能为驱动力进行制冷，其作为冷热源方案需采用市政热网配合换热设备（如板式换热器等）进行制热供暖。若过渡季对供暖需求较高，还需配置独立热水锅炉	制冷效率高、耗能较少，节能效果好；使用寿命长，运行稳定，操作便捷，维护费用低，运行管理便利	初期建设投资成本较大；机组组件较多，需设置独立的空调机房，位置一经选定，不易更改；制冷机组仅能用于夏季制冷，采暖季供暖时，配备此机组的空调系统需由城市热网供热，自备锅炉、热泵等换热设备进行供热
2	风冷热泵机组	冷媒不断循环将空气中的低温热量转变为高温热量，并加热冷水	空调系统冷热源合一，适用于同时具有采暖和制冷需求的建筑，无需锅炉房；机组户外安装，无需冷冻机房，节约建筑投资；能源利用率高，节约能源消耗；风冷系统替代冷却水系统，无需冷却塔，适用于缺水地区	风冷热泵机组属中小型机组，机组较贵，夏季能效相对于水冷机组较低，冬季制热有衰减
3	VRV（多联机）机组	冷剂式空调机组的一类，俗称“一拖多”，指的是一台室外机通过配管连接两台或以上的室内机，室外侧采用风冷换热形式，室内侧采用直接蒸发换热形式的一次冷媒空调系统	采用变频技术的多联机空调系统可实现精准控温，室内房间可根据需要自设温度，互无干扰，使用舒适度高于中央空调；使用寿命长，机组故障率低，室外机的使用寿命长达 30 年；多联机系统施工量较小，可集约布置在建筑物顶层，布置灵活、施工便捷，施工周期短，适用于办公类改造工程	子系统较多，电控系统复杂，接线烦琐；安装技术和精度要求严格，多台室外机安装时需注意位置关系，否则将影响运行效能；节能效果相对于大型中央空调较差，不能满足较大空间的温控要求；造价较高
4	分体式空调	氟系统空调的一种，采用热泵原理进行制冷制热工作，由一对一的室内机和室外机组成，分别安装在室内和室外，中间通过管线连接	占地面积小，安装布置灵活，无须预留安装空间；适用于宾馆、办公楼、住宅等建筑	室外机的安装会影响建筑外立面形象；室内机会占用一部分室内空间，影响室内装修效果；制冷制热不均匀，使用舒适性相对于中央空调较低

注　按照《国家电网公司非生产性技改项目技术规范》（国家电网企管〔2017〕873 号）规定，分体式空调属于零购项目，不列入生产辅助技改、大修项目。

三、空气处理常用方案

空气处理常用方案见表 7-3。

表 7-3　　空气处理常用方案

序号	空气处理方案	工作原理	优点	缺点
1	风机盘管系统	由分布于各空调房间内的风机盘管机组成，通过冷热水铜管与冷热源供应系统连接。机组内的风机吹动室内空气并不断循环，使之依次经过空气过滤器和通有冷热水的盘管换热器，不断被冷却或加热，以保持房间的温度	占用建筑空间小，布置和安装便捷，便于单独调节，噪声小	该系统仅能对房间内现有空气进行冷热温湿度调节，不具备新风补给功能，需配合独立新风系统共同使用；机组相对分散，检修工作量大；风机功率较小，风压小，室内空气的洁净度较低
2	新风系统（空气处理机组）	由送风系统和回风系统组成独立空气处理系统，通过新风机净化室外空气并导入室内，进行新鲜空气补给，在送风的同时对进入室内的空气进行过滤、消毒、杀菌、增氧、预冷预热等	实现建筑在不开窗的情况下拥有流通的新鲜空气，更新室内空气，带走部分污浊空气，稀释室内二氧化碳浓度，排除室内细菌病毒，将室内空气洁净度和温湿度保持在健康标准	新风系统的主要功能是新风供应，并不承担室内的热湿负荷，需配合风机盘管等空气温度调节装置共同工作

第二节　典　型　方　案

一、综合改造典型方案

1. 项目名称

国网北京 ×× 供电公司新局综合楼空调通风分系统综合改造。

2. 设计依据

（1）《公共建筑节能设计标准》（DB 11/687—2015）。
（2）《民用建筑供暖通风与空气调节设计规范》（GB 50736—2012）。
（3）《通风与空调工程施工质量验收规范》（GB 50243—2016）。
（4）《办公建筑设计标准》（JGJ/T 67—2019）。
（5）《建筑节能工程施工质量验收标准》（GB 50411—2019）。
（6）《通风空调风口》（JG/T 14—2010）。

3. 建筑现状及维修改造内容

建筑现状及维修改造内容见表 7-4。

表 7-4　建筑现状及维修改造内容

建筑信息	维修改造原因	维修改造规模及主要内容
国网北京 ×× 供电公司新局综合楼建于 2002 年，主楼建筑面积 9202m^2，共 10 层，框架结构，主要用途为人员办公	空调水系统管道存在锈蚀、严重老化情况，造成严重堵塞，部分进户管道没有阀门，机组运行耗电增加、冷量不够，存在爆裂漏水隐患；空调风系统风机盘管及主要设备设施老化、噪声较大，出现异常振动，风管破损严重，多处出现漏风现象；保温层大面积脱离，供风效率急剧下降，故障频发，已不能正常运行	本项目主要对现有办公楼的空调通风分系统进行改造，改造内容包括空调水子系统、通风子系统，涉及室内管道 3805m、风机盘管 256 台

4. 设计方案

设计方案见表 7-5。

表 7-5　　设 计 方 案

<table>
<tr><th>技术方案</th><th>示意图</th></tr>
<tr><td>（1）空调水系统：
1）更换全部空调水系统管道；
2）冷凝水按层收集，集中排出。
（2）风机盘管：
1）风机盘管采用天花板嵌入式，环绕气流，安装于各层的梁窝内，以增加建筑净高；
2）每台风机盘管配有线遥控器，可独立控制开、关。
主要用材：室内镀锌钢管 2805m、风机盘管 256 台、风机盘管调控器 256 个、散流器 256 个、百叶风口 256 个</td><td>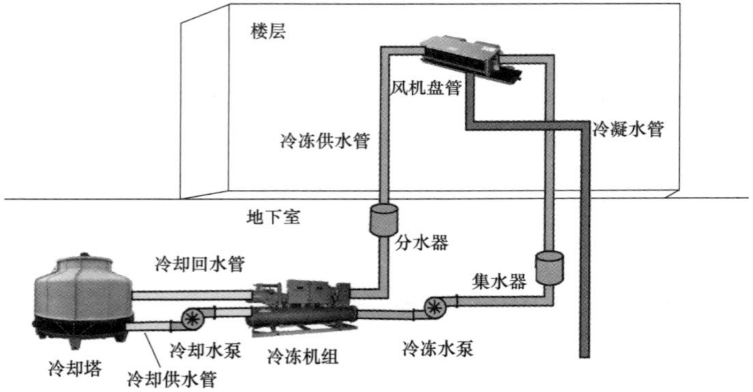
</td></tr>
</table>

5. 典型管理经验

典型管理经验见表 7-6。

表 7-6　　典 型 管 理 经 验

<table>
<tr><th>工期及造价</th><th>管理重点</th></tr>
<tr><td>实施过程中建筑物处于在运行状态，项目于 9 月开工至 11 月竣工，共计实施 54d，施工结算金额为 263.11 万元</td><td>（1）风机盘管安装：风机盘管应由吊、支架固定牢固；水管、风管与风机盘管连接处应严密；凝结水排水管坡度应在 1%～5% 之间。
（2）管道安装：管道安装前必须清理管内杂物和污垢，安装中管道敞口处应及时封堵；管道安装直线长度超过 50m 或跨越建筑物伸缩缝时，应装设膨胀节。
（3）阀门安装：安装前应按设计文件核对其型号、规格、质量，查对合格证；按水流向确定安装方向。
（4）施工管理：安装施工过程如与土建或其他工种施工部位有矛盾时，不得私自拆改，要通过设计及有关人员洽商解决。
（5）注意事项：①对设备的选型要充分考虑环保节能等方面性能；②技改大修前，空调设备应经相关专业机构检测，提供检测报告</td></tr>
</table>

6. 选用清单

选用清单见表 7-7。

表 7-7 选用清单

序号	子目名称	单位	工程量
1	室内镀锌钢管	m	2805
2	风机盘管	台	256
3	风机盘管调控器	个	256
4	散流器	个	256
5	百叶风口	个	256

二、VRV 空调及新风系统改造典型方案

1. 项目名称

国网北京 ×× 公司 ×× 区 ×× 路 ×× 号空调通风分系统 VRV 改造。

2. 设计依据

（1）《民用建筑供暖通风与空气调节设计规范》（GB 50736—2012）。
（2）《民用建筑设计统一标准》（GB 50352—2019）。
（3）《公共建筑节能设计标准》（GB 50189—2015）。
（4）《建筑节能工程施工质量验收标准》（GB 50411—2019）。
（5）《严寒和寒冷地区居住建筑节能设计标准》（JGJ 26—2018）。
（6）《通风与空调工程施工质量验收规范》（GB 50243—2016）。

3. 建筑现状及维修改造内容

建筑现状及维修改造内容见表 7-8。

表 7-8　　建筑现状及维修改造内容

建筑信息	维修改造原因	维修改造规模及主要内容
国网北京 ×× 公司 ×× 区 ×× 路 ×× 号综合楼建于 1990 年，建筑面积 3457.80m²，5 号楼为单层，其余 1～4 号楼为 2 层，砖混结构，主要用途为人员办公	分体空调机组出现送风温度异常、制冷时故障频发的情况，现有系统负荷已无法满足使用需求，办公楼内供冷能力急剧降低，无法满足办公需求	本项目主要是对 5 栋楼的空调通风分系统中空调子系统、通风子系统进行技改，在 1～5 号综合楼设置 VRV 中央空调系统、增加新风系统

4. 设计方案

设计方案见表 7-9。

表 7-9　　设　计　方　案

技术方案	示意图
（1）空调冷热源系统： 1）采用 VRV 机组作为冷热源机组，位于 1 号楼和 3 号楼的屋顶； 2）1 号楼选用的 VRV 机组制冷量为 117.5kW、制热量为 132kW、耗电量为 35.44kW；3 号楼选用的 VRV 机组制冷量为 106.5kW、制热量为 119kW、耗电量为 31.6kW。 （2）新风系统： 1）采用分散型新风系统，每间房间窗户上安装新风净化机组，新风机组过滤效率大于 95%； 2）新风净化机组为可调节式手控设置，风量为 280m³/h。 （3）空调风系统： 1）VRV 室内空调机组采用薄型风管天井式； 2）空调送、回风管道采用镀锌钢板制作、角钢法兰连接； 3）空调送、回风管道需保温，保温材料为闭式泡沫橡塑，接缝处用黑色布基胶带，保温厚度为 25mm。 主要用材及设备：多联体空调室外机 3 台、新风净化机 8 台、风机盘管 86 台、冷媒管 1695.94m、送风管道 613.68m²、回风管道 613.68m²、百叶风口 162 个	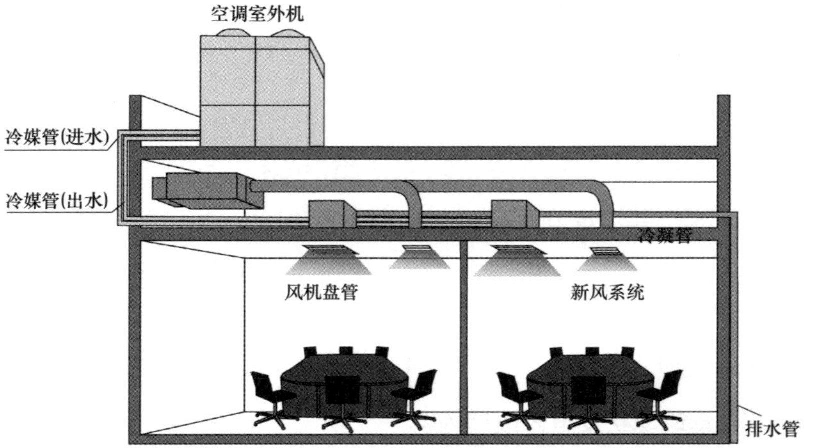

5. 典型管理经验

典型管理经验见表 7-10。

表 7-10　　典型管理经验

工期及造价	管理重点
实施过程中建筑物处于在运行状态，项目于 9 月开工至 11 月竣工，共计实施 64d，施工结算金额为 190.98 万元	（1）设备及管道检查：对于室内机、室外机及相应附件，仔细检查其型号、规格；对于冷媒管，重点检查铜管壁厚、内外表面缺陷等。 （2）室内机安装：室内机应采取减振措施；安装后进行水平调整，并及时对送、回风口进行防护，以免被现场施工环境污染。 （3）室外机安装：安装面应保持水平，室外机与设备基础间要安装减振胶垫，并使室外机与地脚螺栓连接牢固。 （4）冷媒管安装：冷媒管连接密封性要好，管内应保持干净。 （5）冷凝管安装：室内空调冷凝管排水坡度应在 1%～5% 之间。 （6）注意事项：①对设备的选型要充分考虑环保节能等方面性能；②技改大修前，空调设备应经相关专业机构检测，提供检测报告

6. 选用清单

选用清单见表 7-11。

表 7-11　　选用清单

序号	子目名称	单位	工程量
1	送风管道（镀锌钢板风管）	m^2	613.68
2	散流器	个	62
3	回风管道（镀锌钢板风管）	m^2	613.68
4	百叶风口	个	162
5	冷媒管（铜管）	m	1213.08

续表

序号	子目名称	单位	工程量
6	冷凝管（镀锌钢管）	m	482.86
7	多联体空调室外机	台	3
8	风机盘管	台	86
9	新风净化机	台	8

三、主机及风机盘管改造典型方案

1. 项目名称

国网北京 ×× 供电公司 ×× 综合楼空调通风分系统主机及风机盘管改造。

2. 设计依据

（1）《公共建筑节能设计标准》（DB 11/687—2015）。

（2）《民用建筑供暖通风与空气调节设计规范》（GB 50736—2012）。

（3）《建筑给水排水及采暖工程施工质量验收规范》（GB 50242—2002）。

（4）《通风与空调工程施工质量验收规范》（GB 50243—2016）。

（5）《建筑设计防火规范》（GB 50016—2014）。

3. 建筑现状及维修改造内容

建筑现状及维修改造内容见表 7-12。

表 7-12　　建筑现状及维修改造内容

建筑信息	维修改造原因	维修改造规模及主要内容
国网北京 ×× 供电公司 ×× 综合楼建于 1987 年，建筑面积 1156.3m²，地上三层，建筑檐口高度 10.8m，框架结构，主要用途为人员办公	原空调为分体壁挂空调，部分空调电路及元器件老化或失效，无法正常控制调节温度；空调主机室外支架腐蚀严重，存在主机掉落的安全隐患	本项目对空调通风分系统进行改造，主要内容包括新装 VRV 主机和室内机

4. 设计方案

设计方案见表 7-13。

表 7-13　　设　计　方　案

技术方案	示意图
（1）室内机采用天花板嵌入式，环绕气流，安装于各层的梁窝内，以增加建筑净高。 （2）每台室内机配有线遥控器，可独立控制。 （3）冷凝水按层收集，集中排出。 主要用材及设备：冷媒管 1427m、散流器 33 个、百叶风口 33 个、风机盘管 33 台、多联体空调室外机 3 台	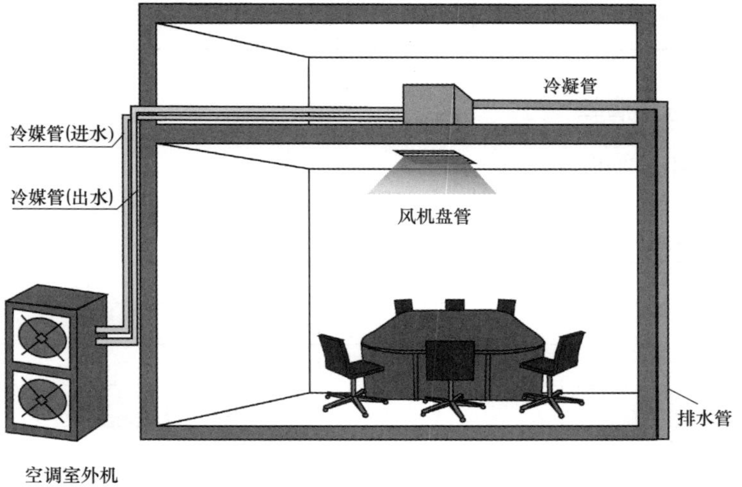

5. 典型管理经验

典型管理经验见表 7-14。

表 7-14　典型管理经验

工期及造价	管理重点
实施过程中建筑物处于在运行状态，项目于 8 月开工至 10 月竣工，共计实施 63d，施工结算金额为 44.96 万元	（1）设备及管道检查：对于室内机、室外机及相应附件，仔细检查其型号、规格；对于冷媒管，重点检查铜管壁厚、内外表面缺陷等。 （2）风机盘管安装：室内机应采取减振措施；安装后进行水平调整，并及时对送、回风口进行防护，以免被现场施工环境污染。 （3）室外机安装：安装面要水平，室外机与设备基础间要安装减振胶垫并使室外机与地脚螺栓连接牢固。 （4）冷媒管安装：冷媒管连接密封性要好，管内应保持干净。 （5）冷凝管安装：室内空调冷凝管排水坡度应在 1%～5% 之间。 （6）注意事项：①对设备的选型要充分考虑环保节能等方面性能；②技改大修前，空调设备应经相关专业机构检测，提供检测报告

6. 选用清单

选用清单见表 7-15。

表 7-15　选用清单

序号	子目名称	单位	工程量
1	冷媒管（铜管）	m	1331
2	冷凝管（塑料管）	m	96
3	多联体空调室外机	台	3
4	风机盘管	台	33
5	散流器	个	33
6	百叶风口	个	33

第八章　建筑智能化（含消防）分系统

第一节　概　　　述

简介：建筑智能化（含消防）分系统（见图 8-1），是指以建筑物为平台，兼备信息设施系统、信息化应用系统、建筑设备管理系统、公共安全系统等，集结构、系统、服务、管理及其优化组合为一体，向人们提供安全、高效、便捷、节能、环保、健康的建筑环境的系统。

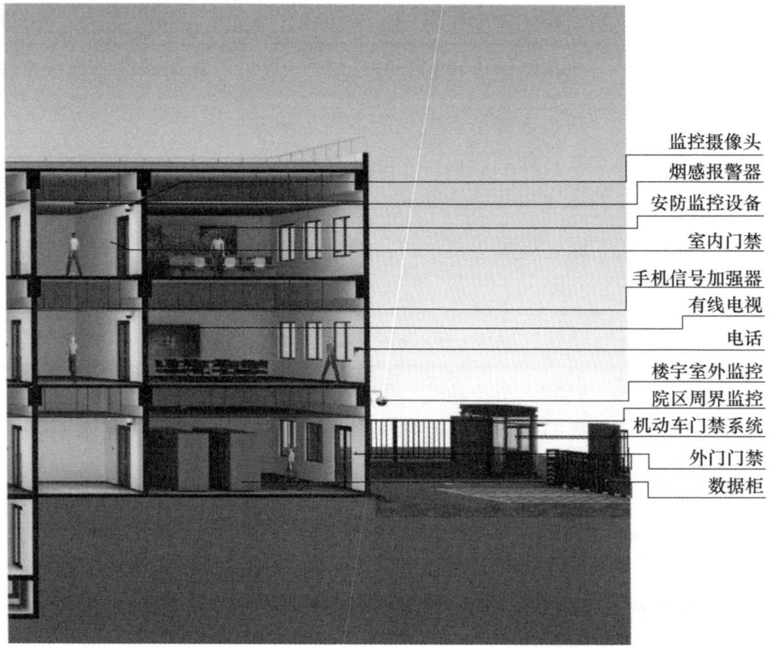

图 8-1　建筑智能化（含消防）分系统示意图

一、技改大修原因、策略及流程

技改大修原因、策略及流程见表 8-1。

表 8-1　　技改大修原因、策略及流程

<table>
<tr><th>子系统</th><th>技改大修原因</th><th>技改大修策略</th><th>流程</th></tr>
<tr><td rowspan="2">视频监控子系统</td><td>视频监控子系统功能不满足地方安防管理部门及国家电网有限公司信息安全管理的要求；子系统投运超出设计使用年限</td><td>对子系统进行整体更新、升级</td><td rowspan="8">（1）现场踏勘检查：结合改造需求和所存在的问题，对所对应的各智能子系统进行现场踏勘检查，了解建筑现有智能系统现状，分析问题产生的原因。
（2）改造设计：设计单位根据需求和现场踏勘检查结果制订改造方案；根据具体需求，确定整个系统的规模及内容，开展设备选型和布线等设计工作；设计出的施工图要与建筑实际情况相匹配，同时协调好与已有子系统的关系，确保最终设计成果的合理性；弱电智能化设计时，要有详细、完善的设计图纸，同时对设计图纸加以说明，按照清单形式，将所有设备信息标注清楚，绘制出各系统的详细安装图。
（3）施工准备：在施工前熟悉施工图纸，组织施工方、监理方、设计方在施工现场核对图纸，检查设备布置和线路布设是否与建筑实际情况存在冲突；对所安装的设备和管线外观、型号规格、数量等进行检验，检验设备是否选用厂家原装产品，设备性能是否达到设计要求和国家相关标准的规定。</td></tr>
<tr><td>建筑物缺少视频监控功能</td><td>新增视频监控子系统</td></tr>
<tr><td rowspan="3">防盗报警子系统</td><td>防盗报警子系统功能不满足地方安防管理部门及国家电网有限公司信息安全管理的要求</td><td rowspan="2">对子系统进行整体更新、升级</td></tr>
<tr><td>防盗报警子系统投运超出设计使用年限</td></tr>
<tr><td>建筑物缺少防盗报警功能</td><td>新增防盗报警子系统</td></tr>
<tr><td rowspan="2">门禁子系统</td><td>门禁子系统功能不满足地方安防管理部门及国家电网有限公司信息安全管理的要求；子系统投运超出设计使用年限</td><td>对子系统进行整体更新、升级</td></tr>
<tr><td>建筑物缺少门禁功能</td><td>新增门禁子系统</td></tr>
<tr><td>停车场管理子系统</td><td>停车场管理子系统投运超出设计使用年限</td><td>对子系统进行整体更新、升级</td></tr>
</table>

续表

子系统	技改大修原因	技改大修策略	流程
停车场管理子系统	建筑物不具备停车场管理功能	新增停车场管理子系统	（4）施工与质量监督：主要施工工序包括管道施工、线槽安装、布线、设备安装调试以及系统试运行。 1）管道铺设前应检查管道是否畅通、内侧有无毛刺；管道铺设应牢固通畅。 2）线槽接口应平整，接缝处应紧密平直；槽盖装上后应平整、无翘脚；出线口的位置准确。 3）缆线的布放应平直，不得产生扭绞、打圈等现象，不应受到外力的挤压和损伤；电源线、信号电缆、对绞电缆、光缆及建筑物内其他弱电系统的缆线应分离布放；各缆线间的最小净距应符合设计要求。 4）系统调试按照系统功能调试、单一系统独立调试、线路通断等分支调试阶段进行全面调试。 5）在系统试运行阶段，按照不同系统的试运行环境和时间，进行全方位运行；同时进行模拟测试，检测系统的功能是否完善、系统运行是否稳定。 （5）竣工验收：联合设计方和施工方，对改造完成工程按照验收标准组织相关人员，对整体系统功能和各子系统的运行情况、设备质量、数量、安装规范性等进行验收，签署工程竣工验收单
火灾自动报警子系统	火灾自动报警子系统功能不满足地方消防管理部门及国家电网有限公司消防安全管理的要求；子系统投运超出设计使用年限，出现失灵、误报、信号无法回传等现象	对子系统进行整体更新、升级	
	建筑物缺少火灾自动报警功能	新增火灾自动报警子系统	
背景音乐及紧急广播子系统	背景音乐及紧急广播子系统功能不满足地方消防管理部门及国家电网有限公司消防安全管理的要求；子系统投运超出设计使用年限，出现无法广播的现象	对子系统进行整体更新、升级	
	建筑物缺少背景音乐及紧急广播功能	新增背景音乐及紧急广播子系统	
楼宇自动控制（含空调控制、智能照明、动力设备监控）子系统	楼宇自动控制子系统投运超出设计使用年限	对子系统进行整体更新、升级	
	建筑物不具备楼宇自动控制（含空调控制、智能照明、动力设备监控）功能	新增楼宇自动控制子系统	
有线电视及卫星接收子系统	有线电视及卫星接收子系统投运超出设计使用年限	对子系统进行整体更新、升级	
	建筑物不具备有线电视及卫星接收功能	新增有线电视及卫星接收子系统	

二、建筑智能化系统常用选型

建筑智能化系统常用选型见表 8-2。

表 8-2 建筑智能化系统常用选型

类别	类型	简介	优点	缺点
视频监控系统	高清网络摄像机监控系统，包括高清网络智能高速球型摄像机（可 360° 旋转）、高清网络枪式摄像机（摄像较远）和高清网络半球摄像机（一般用于室内）	结合传统摄像机与网络技术的摄像机，可完成视频图像编码压缩，图像分辨率可达到 1280×720 以上，主要应用于需要高品质图像的重点监控部位和人员复杂场所	即插即用，性能可靠，可远程实时监控，清晰度高，使用和维护简单，可扩展性好	占用存储量大，带宽占用多
	标清网络摄像机监控系统，包括标清网络智能高速球型摄像机（可 360° 旋转）、标清网络枪式摄像机（摄像较远）和标清网络半球摄像机（一般用于室内）	结合传统摄像机与网络技术的摄像机，可完成视频图像编码压缩，图像分辨率可达到 704×576，主要应用于对图像分辨率要求不高的监控场所	即插即用，性能可靠，可远程实时监控，清晰度较高，使用和维护简单，可扩展性好	占用存储量较大，带宽占用较多
	模拟摄像机监控系统，包括智能高速球型摄像机（可 360° 旋转）、彩转黑枪式摄像机（白天为彩色，夜晚则自动切换为高灵敏度的黑白）和彩色半球摄像机（一般用于室内）	摄像机输出模拟视频信号，图像分辨率一般为 704×576，主要用于需要实时性好或经济性要求高的监控场所	技术成熟、性能稳定、安装维护便捷，图像延时小，实时响应好	升级扩展难，联网弱
	红外摄像机监控系统，包括红外高速球型摄像机（可 360° 旋转）、红外枪式摄像机（摄像较远）和红外半球摄像机（一般用于室内）	在夜间红外摄像机附设的红外灯会发出人们肉眼看不到的红外光线去照亮被拍摄的物体，红外线经物体反射后进入镜头进行成像，图像分辨率达到 480LP/mm 以上。主要适用于夜间光照条件差的场所	夜视距离远，隐蔽性强，性能稳定	白天图像偏色，红外灯寿命短

续表

类别	类型	简介	优点	缺点
门禁系统	普通型密码识别	密码识别（通过检验输入密码是否正确来识别进出权限）	操作方便，无须携带卡片；成本低	只能容纳三组密码，密码易泄露，安全性低；无进出记录；只能单向控制
	乱序键盘型密码识别（键盘上的数字不固定，不定期自动变化）		操作方便，无须携带卡片，安全系数稍高	密码易泄露，安全性低；无进出记录；只能单向控制；成本高
	磁卡	卡片识别（通过读卡或读卡加密码方式来识别进出权限）	成本较低；一人一卡（+密码），安全性较高，可联计算机，有开门记录	卡片、设备易磨损，寿命较短；卡片容易复制；不易双向控制；卡片信息容易因外界磁场丢失，使卡片无效
	射频卡		卡片、设备无接触，开门方便安全；寿命长，使用寿命平均十年；安全性高，可联计算机，有开门记录；可以实现双向控制；卡片不易被复制	成本较高
	指纹型、掌形型、虹膜型、面部识别型、手指静脉识别型等生物识别系统	通过检验人员生物特征等方式来识别进出	无须携带卡片；安全性高	成本高，识别率较低，对环境要求高，对使用者要求高，使用不便
停车场智能化改造	车牌识别停车场管理系统	车牌识别停车场管理系统将摄像机在入口拍摄的车辆车牌号码图像自动识别并转换成数字信号	方便快捷，效率高，扩展方便，管理方便，易识别套牌车，安全性更高	设备较多，建设费用高，临牌车进出需要人工处理
	刷卡停车场管理系统	在停车场进口处通过人工取卡或者通过办理的IC卡片进行刷卡，经授权的卡片通过控制中心的信号输出，道闸就可以自动开闸；出口处，车主向管理中心递交在入口处所取的卡片，管理人员通过卡片上的停车信息进行放行	内部车判断较准确，安装环境要求低，设备少，费用低	使用不便，安全性低

续表

类别	类型	简介	优点	缺点
停车场智能化改造	蓝牙停车场管理系统	在出入口装一台读卡器，车上再装上注册的蓝牙卡。车辆开进识别范围内后，读卡器识别到蓝牙卡，控制道闸开启	内部车判断较准确，安装环境要求低，设备少，费用低	只识别装有蓝牙卡的车，局限性大；设备易出现没电、失灵等问题，需要经常性充电或更换；安全性低

第二节　典　型　方　案

一、视频监控系统改造典型方案

1. 项目名称

国网北京 ×× 供电公司机关综合楼建筑智能化（含消防）分系统楼层间安防系统改造。

2. 设计依据

（1）《数据中心设计规范》（GB 50174—2017）。

（2）《数据中心基础设施施工及验收规范》（GB 50462—2015）。

（3）《计算机场地通用规范》（GB/T 2887—2011）。

（4）《安全防范工程技术标准》（GB 50348—2018）。

（5）《供配电系统设计规范》（GB 50052—2009）。

（6）《低压配电设计规范》（GB 50054—2011）。

（7）《建筑照明设计标准》（GB 50034—2013）。

（8）《视频安防监控系统工程设计规范》（GB 50395—2007）。
（9）《智能建筑设计标准》（GB 50314—2015）。
（10）《通用用电设备配电设计规范》（GB 50055—2011）。
（11）《民用建筑电气设计标准》（GB 51348—2019）。
（12）《建筑设计防火规范》（GB 50016—2014）。
（13）《电力工程电缆设计规范》（GB 50217—2018）。
（14）《办公建筑设计标准》（JGJ/T 67—2019）。
（15）《建筑物防雷设计规范》（GB 50057—2010）。
（16）《建筑物电子信息系统防雷技术规范》（GB 50343—2012）。
（17）《公共建筑节能设计标准》（GB 50189—2015）。

3. 建筑现状及维修改造内容

建筑现状及维修改造内容见表 8-3。

表 8-3　　建筑现状及维修改造内容

建筑信息	维修改造原因	维修改造规模及主要内容
国网北京 ×× 供电公司机关综合楼建于 2008 年，地上 10 层、地下 2 层，建筑面积 10218.2m^2，钢筋混凝土结构，主要用途为人员办公	机关综合楼内视频监控系统存在监控盲区，现状摄像头存在老化故障，无法满足使用功能，存在管理安全隐患	本项目对 1、2 号楼层间安防系统进行改造，地上 10 层，地下 2 层，主要内容包括楼内加装红外高清摄像头、院内更换智能高速球型摄像机等

4. 设计方案

设计方案见表 8-4。

表 8-4　　　　设 计 方 案

技术方案	示意图
（1）楼内加装红外高清网络摄像头。 （2）院内更换智能高速球型网络摄像机。 （3）控制室安装双联四屏控制台，配套增加液晶监视器、桥架、UPS 电源、模块及线路等。 主要用材及设备：高清半球摄影机 89 台、录像机 3 台、录像机直流电源 89 台、主机立柜 3 台、显示器 $3m^2$、平台管理计算机及软件 3 套、线缆 6200m、显示大屏 3 套	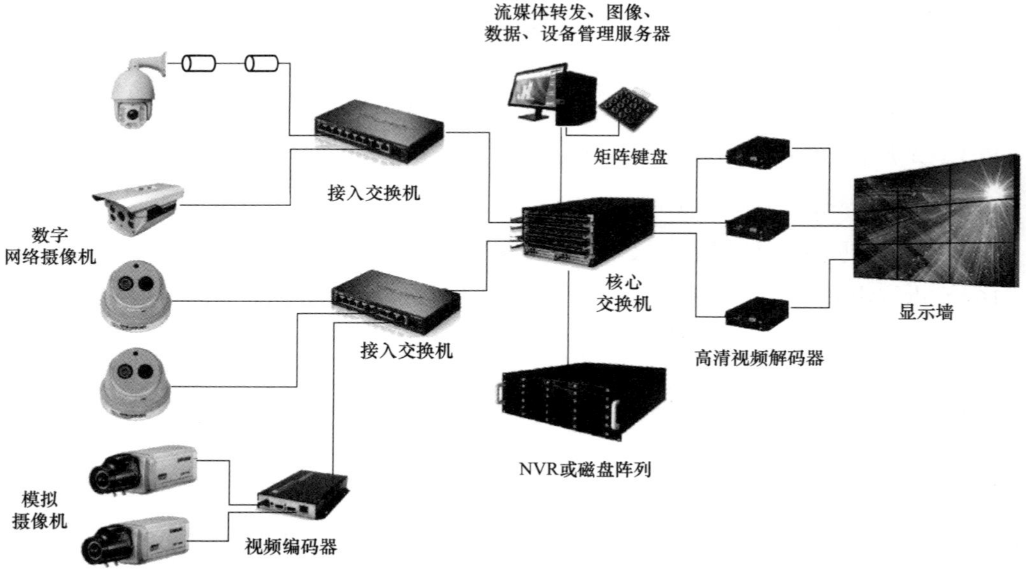

5. 典型管理经验

典型管理经验见表 8-5。

表 8-5　典型管理经验

工期及造价	管理重点
实施过程中建筑物处于在运行状态，项目于 7 月开工至 8 月竣工，共计实施 45d，施工结算金额为 79.51 万元	（1）产品检查：对所安装的设备外观、型号规格、数量、标志、标签、产品合格证、产地证明、说明书、技术文件资料进行检验。 （2）线路安装：顶棚走线时应美观，注意与其他线路、水路交叉时的防护，对吊顶的成品进行保护；缆线布放应平直，不得扭绞、打圈。 （3）设备安装：在主机控制柜和其他部位做重复接地，做好防雷安全工作。 （4）系统调试：按照不同系统的试运行环境和时间，进行全方位试运行，检测系统的功能是否完善，系统运行是否稳定。 （5）注意事项：对设备的选型要充分考虑环保节能等方面性能

6. 选用清单

选用清单见表 8-6。

表 8-6　选用清单

序号	子目名称	单位	工程量
1	高清半球摄影机	套	89
2	录像机	台	3
3	录像机直流电源	台	89
4	主机立柜	台	3
5	显示器	m^2	3
6	加装平台管理计算机及软件	套	3
7	线缆	m	6200
8	显示大屏	套	3

二、门禁系统改造典型方案

1. 项目名称

国网北京 ×× 供电公司 ×× 运行检修综合楼建筑智能化（含消防）分系统视频监控及门禁改造。

2. 设计依据

（1）《民用建筑设计规范》（ZBBZH/GJ 18）。

（2）《综合布线系统工程设计规范》（GB 50311—2016）。

（3）《安全防范工程技术标准》（GB 50348—2018）。

（4）《智能建筑设计标准》（GB 50314—2015）。

（5）《民用建筑电气设计标准》（GB 51348—2019）。

3. 建筑现状及维修改造内容

建筑现状及维修改造内容见表 8-7。

表 8-7 建筑现状及维修改造内容

建筑信息	维修改造原因	维修改造规模及主要内容
国网北京 ×× 供电公司 ×× 运行检修综合楼建于 2005 年，建筑面积 4020m^2，地上 6 层，地下 1 层，钢筋混凝土框架结构，主要用途为人员办公	原建筑内无门禁系统，无法满足日常管理要求，存在管理安全隐患	本项目主要是对运行检修综合楼内的视频监控及门禁系统及配套设施进行改造，改造面积 4020m^2，主要内容包含更换视频监控设备、新增门禁系统及配套设施的拆除和恢复

4. 设计方案

设计方案见表 8-8。

表 8-8　设计方案

技术方案	示意图
（1）采用了人体特征识别 + 感应式 IC 卡出入管理控制系统。 （2）视频监控子系统：更换监控主机，更换摄像机，设备线缆均采用六类高清。 （3）门禁子系统：新增门禁管理主机，新增人体特征识别装置、电磁锁。 主要用材及设备：线缆 1177.3m、六类网线 42m、球型摄像机 20 台、监控主机 1 台、电控锁 1 台、自动闭门器 1 台、门禁控制器 1 台、读卡机 1 台	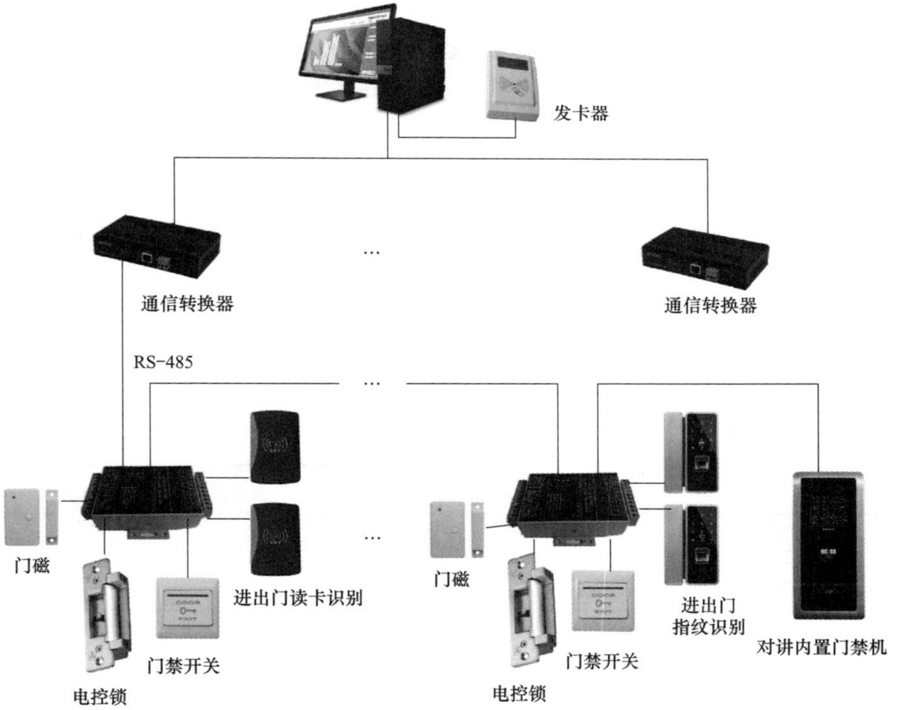

5. 典型管理经验

典型管理经验见表 8-9。

表 8-9　典型管理经验

工期及造价	管理重点
实施过程中建筑物处于在运行状态，项目于 11 月开工至 12 月竣工，共计实施 40d，施工结算金额为 15.59 万元	（1）产品检查：对所安装的设备外观、型号规格、数量、标志、标签、产品合格证、产地证明、说明书、技术文件资料进行检验。 （2）设备安装：设备安装坚固、稳定，工艺美观大方，金属部件有效接地；设备安装为后期升级改造提供便利。 （3）线路布置：缆线布放应平直，不得扭绞、打圈、挤压和损伤。 （4）系统调试：按照不同系统的试运行环境和时间，进行全方位试运行，检测系统的功能是否完善、系统运行是否稳定。 （5）注意事项：对设备的选型要充分考虑环保节能等方面性能

6. 选用清单

选用清单见表 8-10。

表 8-10　选用清单

序号	子目名称	单位	工程量
1	球型摄像机	台	20
2	线缆	m	1177.30
3	监控主机	台	1
4	读卡机带键盘	台	1
5	电控锁	台	1
6	自动闭门器	台	1
7	门禁控制器	台	1
8	六类网线	m	42

三、停车场智能化改造典型方案

1. 项目名称

国网北京 ×× 供电公司机关综合楼建筑智能化（含消防）分系统停车场智能化改造。

2. 设计依据

（1）《智能建筑设计标准》（GB 50314—2015）。

（2）《智能建筑工程质量验收规范》（GB 50339—2013）。

（3）《智能建筑施工及验收规程》（DG/TJ 08-601—2001）。

（4）《停车场（库）智能管理系统技术规范》（T/GSTA 001—2020）。

（5）《汽车库、修车库、停车场设计防火规范》（GB 50067—2014）。

3. 建筑现状及维修改造内容

建筑现状及维修改造内容见表 8-11。

表 8-11　　建筑现状及维修改造内容

建筑信息	维修改造原因	维修改造规模及主要内容
国网北京 ×× 供电公司机关综合楼建于 2004 年，建筑面积 9000m^2，新局办公楼地上 9 层，地下 1 层，老局办公楼地上 5 层，地下 1 层，均为框架结构，主要用途为人员办公	本建筑中门禁管理主要依靠人工开展，为提高其安全性，满足智能化工作要求，需要对门禁系统进行升级改造	本项目对地上停车场管理系统进行改造，改造面积 1500m^2，主要内容包括改造一进一出停车场管理系统，采用车牌自动识别方式实现对进出车辆的管理和自动对比，通过车辆管理软件及服务器数据库进行车辆、出入库时间、车位使用和剩余情况的统计

4. 设计方案

设计方案见表 8-12。

表 8-12　　设 计 方 案

技术方案	示意图
（1）安装智能车牌识别系统，安装智能起落杆。 （2）在地面出口设置一台计算机对临时车辆进行管理。 （3）相应的土建挖沟，沥青路面恢复。 主要用材及设备：综合布线光缆 507m、电缆 1100m，沥青路面 $30m^2$、车辆检测车牌识别设备 4 套、出入口自动起落杆 4 套、监控管理中心设备 1 套	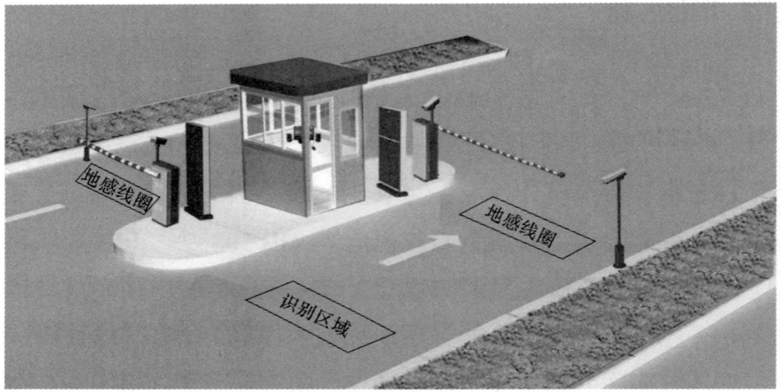

5. 典型管理经验

典型管理经验见表 8-13。

表 8-13　　典 型 管 理 经 验

工期及造价	管理重点
实施过程中建筑物处于在运行状态，项目于 9 月开工至 10 月竣工，共计实施 19d，施工结算金额为 45.58 万元	（1）产品检查：对所安装的设备外观、型号规格、数量、标志、标签、产品合格证、产地证明、说明书、技术文件资料进行检验。 （2）设备安装：设备安装坚固、稳定，工艺美观大方，金属部件有效接地；道闸及读卡设备的摆放位置应方便使用。 （3）线路布置：缆线的布放应平直，不得扭绞、打圈、挤压和损伤。 （4）系统调试：按照不同系统的试运行环境和时间，进行全方位试运行，检测系统的功能是否完善、系统运行是否稳定。 （5）施工影响：设置交通安全信号、警示、警告标识、标牌，夜间施工时在施工区设置照明灯和信号灯，保证施工期间道路可正常通行。 （6）注意事项：对设备的选型要充分考虑环保节能等方面性能

6. 选用清单

选用清单见表 8-14。

表 8-14　　　　　　　　　　　　　　选　用　清　单

序号	子目名称	单位	工程量
1	综合布线光缆	m	507
2	电缆	m	1100
3	车辆检测车牌识别设备	套	4
4	出入口自动起落杆	套	4
5	监控管理中心设备	套	1
6	沥青路面修复	m^2	30

第九章　消　防　专　项

第一节　概　　述

简介：消防专项，是指依照国家、行业和地方消防技术标准的要求，在建筑物、构筑物中设置用于火灾报警、灭火等防范和扑救建筑火灾的设备设施项目的总称。本章结合相关法律法规和技术规范，从消防设计审查和设计备案出发，以确保消防工程满足消防备案、验收合格的要求为背景进行编写。

消防系统主要由三大部分构成（见图 9-1）：

（1）感应机构，即火灾自动报警系统。由探测器、手动报警按钮、报警器和警报器等构成，以完成检测火情并及时报警的任务。

（2）执行机构，即灭火自动控制系统。

（3）避难诱导系统，与灭火自动控制系统组成消防联动系统。

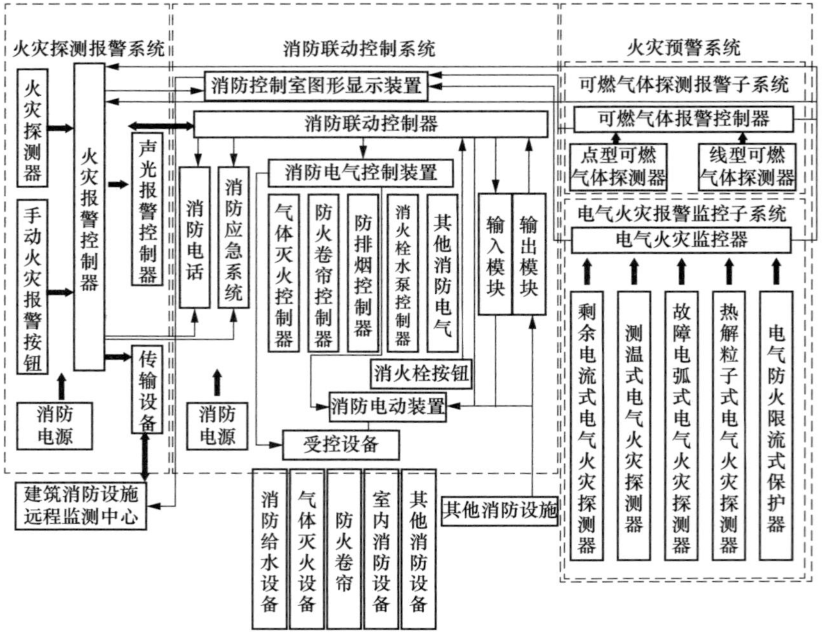

图 9-1　消防系统构成

一、技改大修原因、策略及流程

技改大修原因、策略及流程见表 9-1。

表 9-1 技改大修原因、策略及流程

<table>
<tr><th>子系统</th><th>技改大修原因</th><th>技改大修策略</th><th>流程</th></tr>
<tr><td rowspan="2">火灾自动报警系统</td><td>建筑物缺少火灾自动报警功能，不满足相关现行消防规范要求</td><td>新增火灾自动报警子系统</td><td rowspan="6">（1）前期评估：在改造实施前，可自行或委托设计单位开展消防安全综合评估，重点围绕既有建筑的消防安全性能、消防安全隐患、执行新规难点以及改造方案的技术合理性。
（2）改造设计：设计单位根据评估结果制订改造方案；设计要在因地制宜充分利用现状设施条件的同时，根据相关现行消防规范要求合理解决存在的问题。
（3）消防图纸审核：到当地公安消防大队登记备案并审核改造消防图纸，签署建筑工程消防设计审核意见书，在登记备案的时间内完成并申请验收。
（4）施工准备：选择有资质的消防施工单位；在施工前熟悉施工图纸，组织施工方、监理方、设计方在施工现场核对图纸，检查设备布置和线路布设是否与建筑实际情况存在冲突；核查消防设施（消防产品）、防火材料、电气设备的厂家、型号、质量和数量，检查所有消防材料的合格证明，包括产品合格证、认证证书、检测报告等。
（5）施工与质量监督：严格按照消防工程的设计图进行施工，并对施工现场进行严格监督。
（6）竣工验收：联合设计方、施工方、监理方、消防部门对改造完成工程按照验收标准进行验收，签发建筑工程消防验收意见书</td></tr>
<tr><td>火灾自动报警子系统功能不满足地方消防管理部门及国家电网有限公司消防安全管理的要求；系统投运超出设计使用年限，出现失灵、误报、信号无法回传等现象</td><td>对系统进行整体更新、升级</td></tr>
<tr><td rowspan="2">联动控制系统</td><td>建筑物缺少联动控制系统，不满足相关现行消防规范要求</td><td>新增联动控制子系统</td></tr>
<tr><td>联动控制系统功能不满足地方消防管理部门及国家电网有限公司消防安全管理的要求；系统投运超出设计使用年限，出现失灵、无法联动等现象</td><td>对系统进行整体更新、升级</td></tr>
<tr><td rowspan="2">气体灭火系统</td><td>建筑物缺少气体灭火系统，不满足相关现行消防规范要求</td><td>新增气体灭火系统</td></tr>
<tr><td>气体灭火系统功能不满足地方消防管理部门及国家电网有限公司消防安全管理的要求；系统投运超出设计使用年限，出现失灵、无法正常喷射气体等现象</td><td>对系统进行整体更新、升级</td></tr>
</table>

续表

子系统	技改大修原因	技改大修策略	流程
消防喷淋灭火系统	建筑物缺消防喷淋灭火系统，不满足相关现行消防规范要求	新增喷淋灭火系统	
	消防喷淋灭火系统功能不满足地方消防管理部门及国家电网有限公司消防安全管理的要求；系统投运超出设计使用年限，出现失灵、无法正常喷淋等现象	对系统进行整体更新、升级	
消火栓灭火系统	消火栓灭火系统投运超出设计使用年限，出现出水口阀门锈死、消火栓阀门无水等现象；系统功能不满足地方消防管理部门及国家电网有限公司消防安全管理的要求	对系统进行整体更新、升级	
	建筑物使用功能或使用性质发生改变	配套新增相应消火栓灭火系统	
防排烟系统	经消防专业机构检测评定，现有用房未设置防排烟设施或现有防排烟设施不符合相关现行消防规范	新增或整体更换防排烟系统	
	建筑物使用功能或使用性质发生改变	配套新增相应类型的防排烟系统	
	送排风风机风量及风压达不到技术要求、风管道锈蚀漏风、防排烟风机锈蚀老化严重等，子系统故障多发或已不能正常运行	整体更换	

二、消防系统和设施设备常用选型

消防系统和设施设备常用选型见表 9-2。

表 9-2 消防系统和设施设备常用选型

序号	消防系统名称	简介	构成	适用范围
1	火灾自动报警系统	火灾自动报警系统能及时、准确地探测被保护对象的初起火灾，并做出报警响应，从而使建筑物中的人员有足够的时间在火灾尚未发展蔓延到危害生命安全的程度时，疏散至安全地带，是保障人员生命安全的最基本的建筑消防系统	触发装置、火灾报警装置、火灾警报装置、其他辅助功能装置	（1）地市级及以上城市或区域性电力指挥调度建筑。 （2）净高大于 2.6m 且可燃物较多的技术夹层，净高大于 0.8m 且有可燃物的吊顶内。 （3）一类高层公共建筑（建筑高度超过 50m 或每层建筑面积超过 $1500m^2$ 的省级、市级电力调度楼）。 （4）二类高层公共建筑（内建筑面积大于 $50m^2$ 的可燃物品库房和建筑面积大于 $500m^2$ 的营业厅。注：二类高层公共建筑为除一类以外的省级以下电力调度楼）
2	联动控制系统	火灾探测器探测到火灾信号后，能自动切除报警区域内有关的空调，关闭管道上的防火阀，停止有关换风机，开启有关管道的排烟阀，自动关闭有关部位的电动防火门、防火卷帘门，按顺序切断非消防用电源，接通事故照明及疏散标识灯，停运除消防电梯外的全部电梯，并通过控制中心的控制器立即启动灭火系统，进行自动灭火	消防联动控制器、气体灭火控制器、消防电气控制器、消防设备应急电源、消防应急广播设备、消防电话、传输设备、消防控制中心图形显示装置、模块、消防电动装置、消火栓按钮等	（1）适用于有报警、联动自动消防设备需求，同时已设置具有集中控制功能的火灾报警控制器和消防联动控制器的综合楼等建筑。 （2）适用于电梯应急控制。 （3）消防应急照明和疏散指示系统

续表

序号	消防系统名称	简介	构成	适用范围
3	气体灭火系统	气体灭火系统是指平时灭火剂以液体、液化气体或气体状态存贮于压力容器内，灭火时以气体（包括蒸气、气雾）状态喷射作为灭火介质的灭火系统，并能在防护区空间内形成各方向均一的气体浓度，而且至少能保持该灭火浓度达到相关规范规定的浸渍时间，实现扑灭该防护区的空间、立体火灾	（1）有管网气体灭火系统：由管道安装、系统组件安装（喷头、选择阀、储存装置）、二氧化碳称重检验装置组成。 （2）无管网气体灭火系统：由储存容器、容器阀、选择阀、液体单向阀、喷嘴、阀驱动装置组成	（1）中央及省级公安、防灾和网局级及以上的电力等调度指挥中心内的通信机房和控制室——《建筑设计防火规范》（GB 50016—2014）。 （2）停车数量不大于50辆的室内无车道且无人员停留的机械式汽车库——《汽车库、修车库、停车场设计防火规范》（GB 50067—2014）。 （3）A级机房标准应用于国家和区域电力调度中心等电子信息系统机房和重要的控制室（A级机房标准：在系统需要运行期间，其场地设备不应因操作失误、设备故障、外电源中断、维护和检修而导致电子信息系统运行中断）——《数据中心设计规范》（GB 50174—2017）。 （4）B级机房标准应用于电力调度中心的电子信息系统机房和重要的控制室（B级机房标准：在系统需要运行期间，其场地设备在冗余能力范围内，不应因设备故障而导致电子信息系统运行中断）——《数据中心设计规范》（GB 50174—2017）。 （5）餐厅建筑面积大于1000m^{2}的餐馆或食堂，其烹饪操作间的排油烟罩及烹饪部位——《建筑设计防火规范》（GB 50016—2014）
4	消防喷淋灭火系统	消防喷淋系统是指在发生火灾时，能自动打开喷头喷水灭火，并同时发出火灾报警信号的消防灭火设施，可以和其他消防设施同步联动工作，能有效控制、扑灭初期火灾，分为感烟式和感温式两种	洒水喷头、报警阀组、水流报警装置、末端试水装置、配水管道、供水设施	（1）一类高层公共建筑（10层及10层以上或高度超过28m的钢筋混凝土结构的办公建筑，或者建筑总高度超过100m）办公楼及其地下、半地下室——《建筑设计防火规范》（GB 50016—2014）。 （2）二类高层公共建筑及其地下、半地下室的公共活动用房、走廊、办公室、值班室、可燃物品库房——《建筑设计防火规范》（GB 50016—2014）。 （3）总建筑面积大于500m^{2}的可燃物品地下仓库——《建筑设计防火规范》（GB 50016—2014）。 （4）每座占地面积大于1500m^{2}或总建筑面积大于3000m^{2}的其他单层或多层丙类物品仓库（如：存放办公家具的库房，存放电视机及计算机库房，存放动物油、植物油、润滑油、机油，冷库中的肉类间）——《建筑设计防火规范》（GB 50016—2014）

续表

序号	消防系统名称	简介	构成	适用范围
5	消火栓灭火系统	消火栓系统由水枪、水带、消火栓、消防管道和水源等组成，当室外给水管网的水压不能满足室内消防要求时，还要设置消防水泵和水箱。建筑高度超过消防车供水能力时，室内及室外消火栓系统除扑救初期火灾外，还要扑救较大火灾	水枪、水带、消火栓、消防管道、消防水泵、消防水箱	（1）建筑占地面积大于 300m^2 的厂房和仓库——《建筑设计防火规范》（GB 50016—2014）。 （2）建筑高度大于 15m 或体积大于 10000m^3 的办公建筑、教学建筑——《建筑设计防火规范》（GB 50016—2014）。 （3）民用建筑、厂房（仓库）、储罐（区）、堆场周围应设室外消火栓（特指乡镇供电所）——《建筑设计防火规范》（GB 50016—2014）。 （4）人防工程、地下工程等建筑应在出入口附近设置室外消火栓——《建筑设计防火规范》（GB 50016—2014）
6	防烟系统	采用机械加压送风或自然通风的方式，防止烟气进入楼梯间、前室、避难层（间）等空间的系统，分为机械加压送风的防烟设施和可开启外窗的自然排烟设施。	加压送风机、加压送风管道、加压送风口	（1）防烟楼梯间及其前室。 （2）无自然采光、自然通风的楼梯间。 （3）避难走道的前室、避难层（间）。 （4）消防电梯间前室或合用前室。 建筑高度不大于 50m 的公共建筑、厂房、仓库当其防烟楼梯间的前室或合用前室符合下列条件之一时，楼梯间可不设置防烟系统： （1）前室或合用前室采用敞开的阳台、凹廊。 （2）前室或合用前室具有不同朝向的可开启外窗，且可开启外窗的面积满足自然排烟口的面积要求
7	排烟系统	采用机械排烟或自然排烟的方式，将房间、走道等空间的烟气排至建筑物外的系统，分为机械排烟设施和可开启外窗的自然排烟设施	排烟风机、排烟管道、排烟防火阀、排烟口	（1）公共建筑内建筑面积大于 100m^2 且经常有人停留的地上房间。 （2）公共建筑内建筑面积大于 300m^2 且可燃物较多的地上房间。 （3）建筑内长度大于 20m 的疏散走道。 以下场所采用机械排烟方式： （1）不具备自然排烟条件的房间、走道及中庭等。 （2）人防工程建筑面积大于 50m^2，且经常有人停留或可燃物较多的房间。 （3）建筑面积小于 1000m^2 的地下一层车库、修车库设置排烟系统

续表

序号	消防系统名称	简介	构成	适用范围
8	灭火器	灭火器是一种可携式灭火工具，内置化学物品，借助驱动压力将所充装的灭火剂喷出，达到灭火目的，存放在公众场所或可能发生火灾的地方。不同种类的灭火器内装填的成分不一样，是专为不同的火灾起因而设，按其移动方式分为手提式、推车式和悬挂式	筒体、器头、喷嘴等	（1）清水灭火器（筒体中充装清洁的水，以清水为主要灭火剂，再加适量的防冻剂、润湿剂、阻燃剂等）：适用于扑救可燃固体物质火灾，即A类火灾。 （2）泡沫灭火器（能喷射出大量二氧化碳及泡沫，粘附在可燃物上，使可燃物与空气隔绝，达到灭火的目的）：适用于扑救脂类、石油产品等B类火灾，但不能扑救B类水溶性火灾，也不能扑救带电设备的火灾。 （3）酸碱灭火器（利用器内两种灭火剂混合后喷出的水溶液扑灭火灾）：适用于扑救竹、木、棉、毛、草、纸等一般可燃物质的初起火灾，但不宜用于扑救油类、忌水和忌酸物质及带电设备的火灾。 （4）二氧化碳灭火器（灭火时二氧化碳气体可以排除空气而包围在燃烧物体的表面或分布于较密闭的空间中，降低可燃物周围或防护空间内的氧浓度，产生窒息作用而灭火。另外，二氧化碳从储存容器中喷出时，会由液体迅速气化成气体，从周围吸收部分热量，起到冷却的作用）：适用于办公场所、机房、档案室、贵重设备的初起火灾，适用于扑救B类、C类、E类火灾。 （5）干粉灭火器（内部装有磷酸铵盐等干粉灭火剂，这种干粉灭火剂具有易流动性、干燥性，由无机盐和粉碎干燥的添加剂组成）：可有效扑救初起火灾，特别适用于办公场所电梯、配电等设备机房
9	微型消防站	除按照消防法规须建立专职消防队的重点单位外，其他设有消防控制室的重点单位，以救早、灭小和“3分钟到场”扑救初起火灾为目标，依托单位志愿消防队伍，配备必要的消防器材，建立微型消防站，积极开展防火巡查和初起火灾扑救等火灾防控工作	（1）根据扑救初起火灾需要，配备一定数量的灭火器、水枪、水带等灭火器材。 （2）配置外线电话、手持对讲机等通信器材。 （3）有条件的站点可选配消防头盔、灭火防护服、防护靴、破拆工具等器材	消防重点单位以及街道和社区

注 灭火器、微型消防站不列入生产辅助技改、大修项目。

第二节 典 型 方 案

一、火灾自动报警系统及联动控制典型方案

（一）案例一：火灾自动报警系统典型设计

1. 项目名称

国网北京 ×× 供电公司 ×× 综合楼建筑智能化（含消防）分系统电气火灾报警系统改造。

2. 设计依据

（1）《建筑电气工程施工质量验收规范》（GB 50303—2015）。

（2）《建筑设计防火规范》（GB 50016—2014）。

（3）《火灾自动报警系统设计规范》（GB 50116—2013）。

（4）《民用建筑电气设计标准》（GB 51348—2019）。

（5）《自动喷水灭火系统设计规范》（GB 50084—2017）。

3. 建筑现状及维修改造内容

建筑现状及维修改造内容见表 9-3。

表 9-3　　建筑现状及维修改造内容

建筑信息	维修改造原因	维修改造规模及主要内容
国网北京 ×× 供电公司 ×× 综合楼建于 2008 年，建筑面积 11000m²，地上 10 层，钢筋混凝土结构，主要用途为人员办公	原设计中没有火灾自动报警系统，根据北京市公安局消防局《积极推进电气火灾监控系统安装应用的实施意见》（消监字〔2017〕53 号），落实国家电网有限公司消防提升年工作方案的总体部署，保障用电安全，需要进行技改	本项目主要是对综合楼火灾报警系统进行改造，主要包括增加剩余电流式电气火灾监控探测器，新增总线 8150m、配电箱 38 个，敷设线管 12000m

4. 设计方案

设计方案见表 9-4。

表 9-4　　设 计 方 案

技术方案	示意图
（1）系统构成：包括电气火灾监控器和剩余电流式电气火灾监控探测器，为独立组成的系统。 （2）电气火灾监控器：设置在消防控制室，其报警信息和故障信息通过专用线路连接，在消防控制室图形显示装置或火灾报警控制器上显示；电气火灾报警探测器不接入火灾报警控制器的探测器回路。 （3）剩余电流式电气火灾监控探测器：设置在各层总电源配电箱处，监测相应回路的剩余电流，当超过设定的报警值时，电气火灾监控器发出声光报警号，并显示报警回路或配电箱编号。 主要用材及设备：剩余电流式电气火灾监控探测器 39 个、通信线及电源线 8150m、焊接钢管 12000m、配电箱 39 个	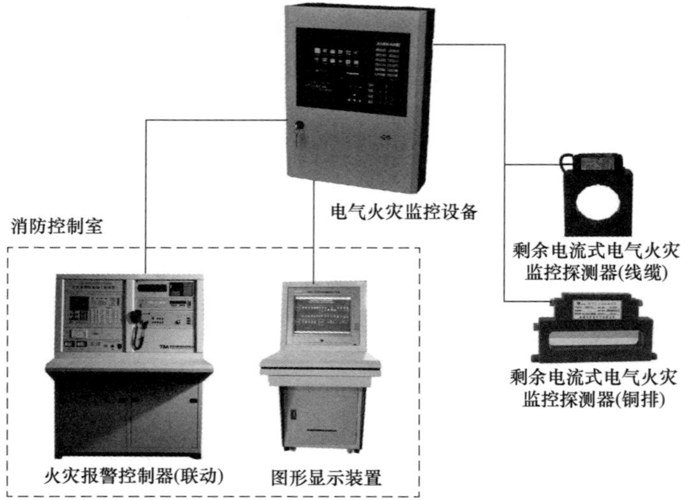

5. 典型管理经验

典型管理经验见表 9-5。

表 9-5 典型管理经验

工期及造价	管理重点
实施过程中建筑物处于在运行状态，项目于 7 月开工至 8 月竣工，共计实施 31d，施工结算金额为 43.38 万元	（1）线路布置：不同系统、不同电压等级、不同电流类别的线路，禁止穿在同一管内。 （2）设备安装：每一报警回路所连接的设备总数既要控制在规范和图纸范围内，又要留有余量，避免建筑因二次装修或改造的局部变化而增加总线回路。 （3）设备调试：由于施工现场会出现线路、回路报警点数变化的情况，应在设备整体安装完成后再进行系统调试，切勿一边赶工一边调试，避免造成已完成的设备地址编码、联动逻辑关系混乱。 （4）注意事项：对设备的选型要充分考虑环保节能等方面性能

6. 选用清单

选用清单见表 9-6。

表 9-6 选用清单

序号	子目名称	单位	工程量
1	剩余电流式电气火灾监控探测器	个	39
2	通信线及电源线	m	8150
3	焊接钢管	m	12000
4	配电箱	个	39

（二）案例二：联动控制系统典型设计

1. 项目名称

国网北京 ×× 供电公司 ×× 综合楼建筑智能化（含消防）分系统消防设施改造。

2. 设计依据

（1）《民用建筑电气设计标准》（GB 51348—2019）。
（2）《建筑设计防火规范》（GB 50016—2014）。
（3）《低压配电设计规范》（GB 50054—2011）。
（4）《供配电系统设计规范》（GB 50052—2009）。
（5）《电力工程电缆设计规范》（GB 50217—2018）。
（6）《建筑照明设计标准》（GB 50034—2013）。
（7）《办公建筑设计标准》（JGJ/T 67—2019）。
（8）《建筑物防雷设计规范》（GB 50057—2010）。
（9）《建筑物电子信息系统防雷技术规范》（GB 50343—2012）。
（10）《公共建筑节能设计标准》（GB 50189—2015）。

3. 建筑现状及维修改造内容

建筑现状及维修改造内容见表 9-7。

表 9-7　　建筑现状及维修改造内容

建筑信息	维修改造原因	维修改造规模及主要内容
国网北京 ×× 供电公司 ×× 综合楼建于 2000 年，建筑面积 1459m²，地上 3 层，首层层高 3.9m，2、3 层层高 3.6m，檐口高度 11.3m，框架结构，主要用途为人员办公	房屋现状疏散安全出口数量不足，消防设施不完善，存在安全隐患，需要进行改造	本项目在楼内安装火灾自动报警系统（营业所内安装火灾自动报警系统，警卫室设立壁挂式消防报警主机），包括设置消防控制室、感温探测器、感烟探测器、报警装置、应急照明、消防水池、疏散钢梯

4. 设计方案

设计方案见表 9-8。

表 9-8　　设 计 方 案

技术方案	示意图
（1）系统等级：本工程为二类防火建筑，火灾自动报警系统的保护等级按一级设置，对全楼的火灾信号和消防设备进行监视及控制。 （2）消防控制室：消防控制室设在一层，和保安监控室合用；消防控制室内设有火灾报警控制器、消防联动控制台、应急广播设备、中央计算机、CRT 显示器、打印机、电梯运行监控盘及消防专用电话总机、UPS 电源设备等。 （3）探测器：大楼配电室设感温、感烟两种探测器，其他场所设置感烟探测器；探测器与灯具的水平净距应大于 0.2m，与送风口边的水平净距应大于 1.5m，与多孔送风顶棚孔口或条形送风口的水平净距应大于 0.5m，与嵌入式扬声器的净距应大于 0.1m，与自动喷淋头的净距应大于 0.3m，与墙或其他遮挡物的距离应大于 0.5m。 （4）报警装置：每个防火分区设置手动报警按钮，从任何位置到手动报警按钮的步行距离不得超过 30m；火灾自动报警控制器可接收感烟、感温探测器的火灾报警信号及水流指示器、检修阀、湿式报警阀、手动报警按钮、消火栓按钮的动作信号，还可接收排烟阀、加压阀的动作信号。 主要设备：消防主机 1 台、消防端子箱 2 台、感烟探测器 54 个、感温探测器 2 个、手动报警 9 个、声光报警装置 9 台、应急照明 15 套、消防水池 1 座、疏散钢梯 1 座	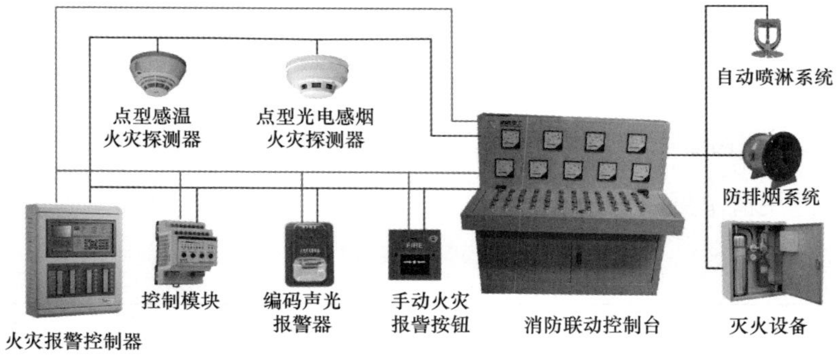

5. 典型管理经验

典型管理经验见表 9-9。

表 9-9　　典型管理经验

工期及造价	管理重点
实施过程中建筑物处于在运行状态，项目于 6 月开工至 8 月竣工，共计实施 91d，施工结算金额为 68.52 万元	（1）设备要求：消防联动控制系统的主要设备均可通过中国消防产品信息网进行查证，安装前应按照设计型号及规格进行核对；所有主要设备采用相同品牌，便于编码解析；控制器的主电源应设有明显的永久性标识。 （2）线路布置：不同系统、不同电压等级、不同电流类别的线路，禁止穿在同一管内。 （3）调试与验收：应要求消防产品生产厂家进行系统安装调试，验收时注意工程设备联动逻辑关系必须正确，避免误报或误动作。 （4）注意事项：①对设备的选型要充分考虑环保节能等方面性能；②消防水池的有效容量应满足消防用水的相关规定要求；③疏散走道应设置应急照明灯和灯光疏散指示标识；④疏散通道内不可堆放易燃可燃杂物和其他堵塞通道的物品；⑤直通室外的安全出口个数应符合相关消防规范要求，安全出口疏散门应采用平开门；⑥消防车道、消防救援操作场地和消防救援入口等消防救援场地应符合相关消防规范要求；⑦室外疏散楼梯的构造应符合相关消防规范要求

6. 选用清单

选用清单见表 9-10。

表 9-10　　选用清单

序号	子目名称	型号规格	单位	工程量
1	报警控制器	壁挂式	台	1
2	报警联动一体机	壁挂式	台	1
3	消防端子箱		台	1
4	感烟探测器	点型总线制探测器	只	54
5	感温探测器	点型总线制探测器	只	2
6	可燃气体	点型总线制探测器	只	1

续表

序号	子目名称	型号规格	单位	工程量
7	报警装置	声光报警	只	9
8	报警按钮安装	带电话插孔手动报警按钮	只	9
9	控制模块（接口）	多输出	只	2
10	短路隔离器		只	2
11	控制模块（接口）安装	单输出	只	5
12	消火栓报警按钮		只	5
13	焊接钢管		m	3340
14	管内穿电话、广播线		m	1020
15	消防布线		m	2320
16	线缆		m	2354.8
17	火灾事故广播录音机		台	1
18	消防广播控制柜		台	1
19	吸顶式扬声器		只	10
20	应急照明		套	15
21	扣压式薄壁钢管	砖、混凝土结构明配	m	746
22	管内穿线		m	1480
23	消防水池		座	1
24	疏散钢梯		座	1

二、灭火系统典型方案

（一）案例一：气体灭火系统典型设计

1. 项目名称

国网北京 ×× 供电公司新局综合楼建筑智能化（含消防）分系统气体灭火系统改造。

2. 设计依据

（1）《民用建筑可靠性鉴定标准》（GB 50292—2015）。
（2）《建筑给水排水设计标准》（GB 50015—2019）。
（3）《建筑灭火器配置设计规范》（GB 50140—2005）。
（4）《气体灭火系统设计规范》（GB 50370—2005）。
（5）《气体灭火系统施工及验收规范》（GB 50263—2007）。
（6）《火灾自动报警系统施工及验收标准》（GB 50166—2019）。
（7）《火灾自动报警系统设计规范》（GB 50116—2013）。

3. 建筑现状及维修改造内容

建筑现状及维修改造内容见表 9-11。

表 9-11　建筑现状及维修改造内容

建筑信息	维修改造原因	维修改造规模及主要内容
国网北京 ×× 供电公司综合楼建于 2004 年，建筑面积 12000m^2，地上 9 层，地下 1 层，框架结构，主要用途为人员办公	综合楼消防气体灭火设施超过使用年限，存在安全隐患，同时，国家规范中禁止使用原有的二氧化碳气体灭火，需要进行改造	项目对机关大楼 7 层及 8 层气体灭火系统进行改造，两层总建筑面积约 250m^2，主要是在以上两层各设置 1 套气体灭火系统

4. 设计方案

设计方案见表 9-12。

表 9-12　　设 计 方 案

技术方案	示意图
（1）在大楼 7 层和 8 层两个区域各设置 1 套气体灭火系统，每套系统各设置 2 套柜式七氟丙烷装置。 （2）两套系统共用一套气体灭火控制器，气体灭火控制器通过线路连接到消防控制室，进行信号传递。 主要用材及设备：柜式七氟丙烷装置 4 套、气体灭火控制器 1 台、声光报警器 4 只、报警按钮 2 只、电动警铃 2 只	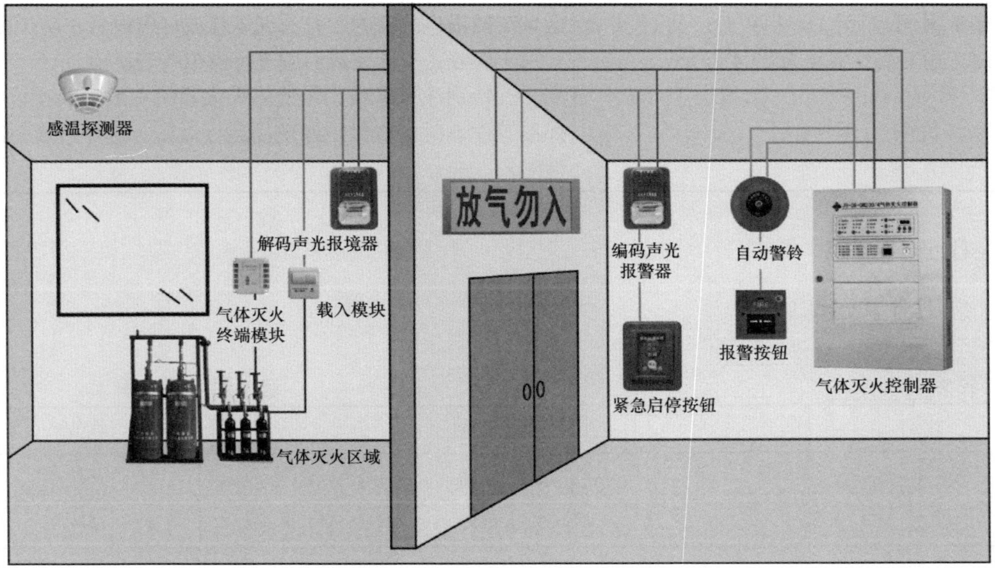

5. 典型管理经验

典型管理经验见表 9-13。

表 9-13　　典型管理经验

工期及造价	管理重点
实施过程中建筑物处于在运行状态，项目于8月开工至11月竣工，共计实施101d，施工结算金额为23.4万元	（1）设计要点：无管网气体灭火设备较重，多套设备集中放置时，应重点验算楼板承载力是否足够。 （2）布线要求：所有线缆应敷设在金属封闭线槽或金属管内；220V交流电源线需单独穿管敷设，输入总线、24V直流电源线、消防联动控制线、消防返回信号线可共管敷设。 （3）设备设置：气体灭火控制器应设置在防护区域疏散出口门外易操作的地方；火灾声光警报器应设置在防护区域疏散出口的门内上方；气体释放灯应设置在防护区域疏散出口的门外上方。 （4）验收：安装完成后应进行模拟喷气试验。 （5）特别注意事项：①气体灭火系统一般安装在设备机房、调度机房、档案室房间内；②进行墙体开孔、管道焊接等作业时，应保护好现场运行设备，避免造成短路或破坏设备；③对设备的选型要充分考虑环保节能等方面性能

6. 选用清单

选用清单见表 9-14。

表 9-14　　选用清单

序号	子目名称	单位	工程量
1	报警按钮	只	2
2	电动警铃	只	2
3	放气指示灯	套	2
4	声光报警器	只	4
5	120L 气体灭火装置	套	4
6	灭火药剂	kg	464
7	气体灭火控制器	套	1

（二）案例二：消防喷淋灭火系统典型设计

1. 项目名称

国网北京 ×× 供电公司 ×× 综合楼建筑智能化（含消防）分系统消防喷淋改造。

2. 设计依据

（1）《电气装置安装工程　电缆线路施工及验收标准》（GB 50168—2018）。

（2）《电气装置安装工程　电气设备交接试验标准》（GB 50150—2016）。

（3）《建筑电气工程施工质量验收规范》（GB 50303—2015）。

（4）《建筑设计防火规范》（GB 50016—2014）。

（5）《自动喷水灭火系统设计规范》（GB 50084—2017）。

（6）《民用建筑电气设计标准》（GB 51348—2019）。

（7）《建筑设计防火规范》（GB 50016—2014）。

3. 建筑现状及维修改造内容

建筑现状及维修改造内容见表 9-15。

表 9-15　　建筑现状及维修改造内容

建筑信息	维修改造原因	维修改造规模及主要内容
国网北京 ×× 供电公司 ×× 综合楼建设于 1996 年，建筑总面积 12333m²，地上 7 层，框架结构，主要用途为人员办公	房间功能经多次调整，格局经多次改造后，原有消防喷淋点位需要进行重新布局设置	本项目主要是对综合楼内消防喷淋系统进行改造，主要内容包括增加消防喷淋洒水喷头、更换水流指示器、管网铺设安装、新做消防水箱

4. 设计方案

设计方案见表 9-16。

表 9-16　　设　计　方　案

技术方案	示意图
（1）管网铺设安装： 1）在消防水泵房引入综合楼各楼层直径为 100mm 的消防主管道，就近与支管路连接，引向功能调整后的房间，并将原路径上废除的消防喷淋洒水喷头拆除，做好堵头。 2）管网安装，当管直径小于 100mm 时，采用螺纹连接；当管直径不小于 100mm 时，可采用卡箍连接，连接后均不得减小管道的通水横断面面积。 （2）洒水喷头安装： 1）喷洒头在现有吊顶上安装。 2）当喷头的直径小于 10mm 时，在配水干管或配水管上安装过滤器。 （3）消防水箱设置：二类高层公共建筑中，消防水箱容积不小于 $12m^3$。 主要用材及设备：水喷淋管道 684m、室内排水管道 179m、洒水喷头 74 个，自动排气阀 7 个、湿式报警装置 7 组、立式喷淋加压泵 3 台、立式隔膜式气压罐 3 套、消防水箱 1 台	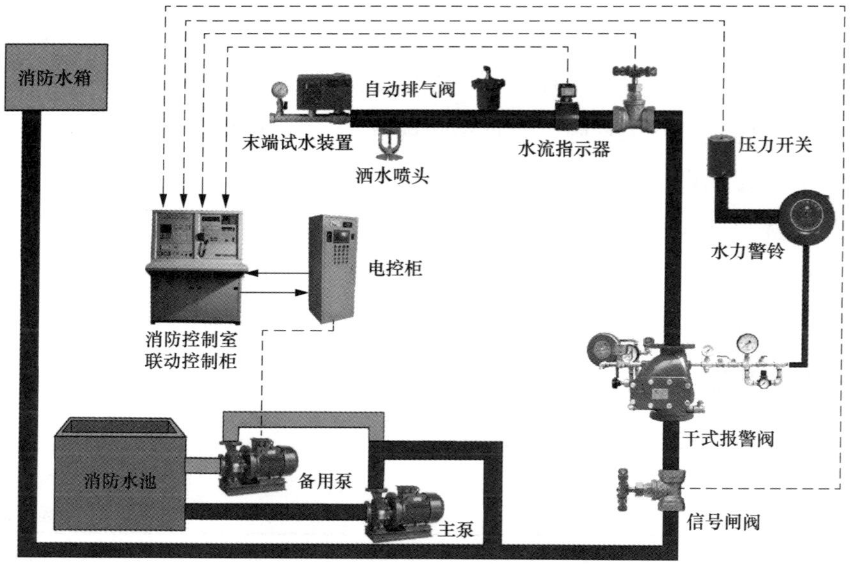

5. 典型管理经验

典型管理经验见表 9-17。

表 9-17 典型管理经验

工期及造价	管理重点
实施过程中建筑物处于在运行状态，项目开工至竣工共计实施 78d，施工结算金额为 46.93 万元	（1）产品检查：喷头商标、型号、动作温度等标识应齐全，并符合设计要求；外观应无加工缺陷和机械损伤，螺纹密封面应无伤痕、毛刺、缺丝或断丝等缺陷。 （2）管道安装：管道涂刷红色油漆时，不得将油漆涂到喷头的感温物件上；管道穿过建筑变形缝时应设套管，套管与管道的间隙采用不燃材料填塞密实；管网安装中断时，应将管道敞口封闭；管网安装完毕后，应进行强度试验、严密性试验和冲洗。 （3）喷头安装：喷头应在系统试压、冲洗合格后进行安装；不得对喷头进行拆装、改动，严禁给喷头附加任何装饰性涂层；喷头与附近构件距离要符合相关规范要求。 （4）注意事项：①对设备的选型要充分考虑环保节能等方面性能；②消防水箱的容积应满足消防用水需要

6. 选用清单

选用清单见表 9-18。

表 9-18 选用清单

序号	子目名称	单位	工程量
1	水喷淋管道	m	684
2	室内镀锌钢管	m	98
3	室内柔性排水铸铁管	m	81
4	压力表	只	16
5	自动排气阀	个	7
6	洒水喷头	个	74
7	湿式报警装置	组	7
8	立式喷淋加压泵	台	3
9	立式隔膜式气压罐	套	3
10	消防水箱	台	1

（三）案例三：消火栓灭火系统典型设计

1. 项目名称

国网北京 ×× 供电公司 ××4 号院给水排水分系统消防给水设施改造。

2. 设计依据

（1）《建筑设计防火规范》（GB 50016—2014）。
（2）《火灾自动报警系统设计规范》（GB 50116—2013）。
（3）《建筑设计防火规范》（GB 50016—2014）。
（4）《自动喷水灭火系统设计规范》（GB 50084—2017）。
（5）《消防给水及消火栓系统技术规范》（GB 50974—2014）。

3. 建筑现状及维修改造内容

建筑现状及维修改造内容见表 9-19。

表 9-19　建筑现状及维修改造内容

建筑信息	维修改造原因	维修改造规模及主要内容
国网北京 ×× 供电公司 ××4 号院建于 20 世纪 80 年代，共 6 栋楼，建筑总面积 16970m^2，砖混结构，主要用途为人员办公	办公楼建造较早，无消防水池，消火栓只有两处，不符合相关设计规范，存在安全隐患	本项目主要是对给水排水分系统消防给水设施进行改造，主要内容包括在主楼、南楼、会议室楼、食堂及宿舍楼设置室内消火栓系统，在院内增加消防水池及消防水泵房。项目涉及 6 栋楼，3～5 层不等，总建筑面积 14582.3m^2

4. 设计方案

设计方案见表 9-20。

表 9-20　　设 计 方 案

技术方案	示意图
（1）室内、室外消火栓： 1）从消防水泵房接出直径 150mm 消防水管，在小区红线内环状布置，并沿环状管网在适当位置设室外消火栓，消火栓间距不大于 120m； 2）小区室外消防主要依靠建筑周围的室外消防管网上的消火栓，整个小区的室外消防水量为 25L/s； 3）院区内主楼、南楼、会议室楼、食堂、宿舍楼设置室内消火栓系统，室内消火栓消防水量为 15L/s，可持续灭火 2h； 4）整个小区的消火栓系统不分区，由消防泵直接供水，消防水泵控制柜防护等级不应低于 IP55（设备防尘等级为 5 级，防水等级为 5 级）； 5）在消火栓供水环状管网上设 2 套消防水泵接合器，供消防车向室内消火栓系统补水使用。 （2）消防供水： 1）一次灭火消防用水量为 288m^3，院区自建消防水池，有效容积为 288m^3； 2）院区内自建消防水泵房，供院区室外及室内消火栓消防用水。 （3）设备选型： 1）选用埋地式箱泵一体化消防恒压给水设备，流量为 45L/s，扬程为 60m，功率为 45kW； 2）高位消防水箱设在主楼屋顶水箱间内，水箱有效容积不小于 18m^3，消防水泵房内设消防系统稳压泵和稳压罐，稳压罐容积为 300L； 3）高位消防水箱选用箱泵一体化消防增压稳压给水设备，流量为 18m^3/h，扬程为 30m，功率为 3kW，气压罐容积为 300L。 （4）建筑设计：室外挖沟直埋消防供水钢管；挖沟道路恢复；消防水池绿化场地平整。 主要用材及设备：消火栓泵 12 台，稳压泵 12 台，更换水带 31 组，栓头 31 套，镀锌钢管 559m	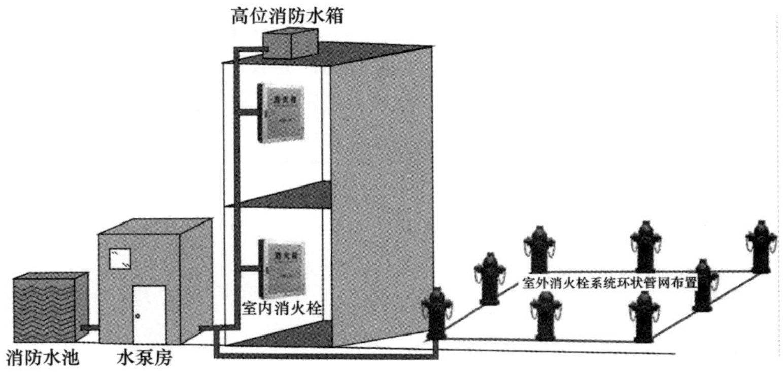

5. 典型管理经验

典型管理经验见表 9-21。

表 9-21　典型管理经验

工期及造价	管理重点
实施过程中建筑物处于在运行状态，项目于 9 月开工至 12 月竣工，共计实施 80d，施工结算金额为 98.47 万元	（1）消防水池设置：严寒、寒冷等冬季结冰地区的消防水池应采取防冻措施；消防水池的出水管应保证消防水池的有效容积能被全部利用。 （2）消防水泵设置：1 组消防水泵，吸水管不应少于 2 条，且应设不少于 2 条的输水干管与消防给水环状管网连接。 （3）消火栓设置：室外消火栓的间距不得超过 120m，应设置在便于消防车使用的地点；在设计室内消火栓时，要保证建筑内每个点都要被 2 支消火栓所保护；布置消火栓时，应考虑建筑整体观感效果。 （4）检验与验收：管网安装完毕后，应对其进行强度试验、冲洗和严密性试验；竣工后，必须进行工程验收，验收应由建设单位组织质检、设计、施工、监理参加，验收不合格时不应投入使用。 （5）注意事项：①对设备的选型要充分考虑环保节能等方面性能；②消防水压应满足相关消防规范的要求；③高位消防水箱的设置高度应保证最不利点消火栓静水压力

6. 选用清单

选用清单见表 9-22。

表 9-22　选用清单

序号	子目名称	单位	工程量
1	消火栓泵	台	12
2	稳压泵	台	12
3	更换水带	组	31
4	栓头	套	31
5	镀锌钢管	m	559
6	阀门	个	24

续表

序号	子目名称	单位	工程量
7	弯头	个	120
8	配电箱	套	1
9	控制箱	套	3
10	末端试水装置	组	31
11	环氧防锈漆	t	4.22
12	消防水池	m^3	300
13	人工整理绿化用地	m^2	130
14	弹性腻子石膏面	m^2	300

三、防排烟系统典型方案

（一）案例一：防烟系统典型设计

1. 项目名称

国网北京 ×× 供电公司 ×× 综合楼地下一层建筑智能化（含消防）分系统防烟设施改造。

2. 设计依据

（1）《电气装置安装工程　电缆线路施工及验收标准》（GB 50168—2018）。

（2）《电气装置安装工程　电气设备交接试验标准》（GB 50150—2016）。

（3）《建筑电气工程施工质量验收规范》（GB 50303—2015）。

（4）《建筑设计防火规范》（GB 50016—2014）。

（5）《火灾自动报警系统设计规范》（GB 50116—2013）。

（6）《民用建筑电气设计标准》（GB 51348—2019）。

（7）《建筑设计防火规范》（GB 50016—2014）。

3. 建筑现状及维修改造内容

建筑现状及维修改造内容见表 9-23。

表 9-23 建筑现状及维修改造内容

建筑信息	维修改造原因	维修改造规模及主要内容
国网北京 ×× 供电公司 ×× 综合楼建于 1996 年，建筑面积 1905.56m²，共 3 层，其中地上 2 层，地下一层，框架结构，地上为营销用房，地下为设备间、运维班使用，主要用途为人员办公	综合楼未设置消防排烟设施，消防部门曾多次下达整改通知，为消除安全隐患，恢复使用功能，需要进行改造	本项目主要是对地下一层进行防烟设施改造，主要内容为增加机械加压风机 2 台、机械加压送风风管 27m，送风口安装 2 个等

4. 设计方案

设计方案见表 9-24。

表 9-24 设 计 方 案

技术方案	示意图
（1）在地下室楼梯间设置机械加压送风系统。 （2）将机械加压送风口设置在地下室楼梯间的顶部，形成有效阻隔烟气的风幕。 （3）加压送风机放置在高度不小于 0.5m 的防水台上。 主要用材及设备：机械加压送风风管 27m、机械加压风机 2 台、送风口 2 个、防烟阀 2 个	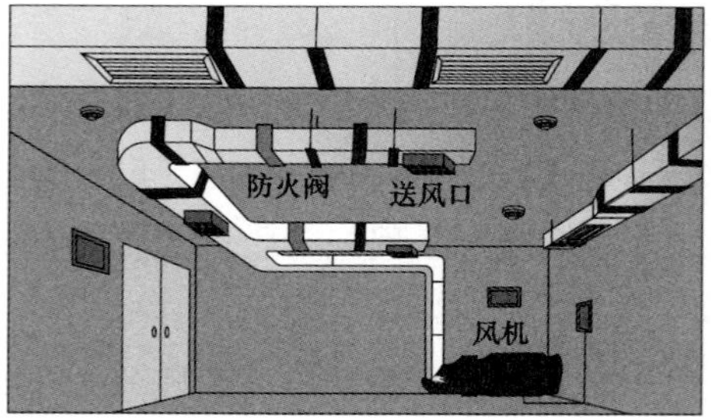 防烟系统

5. 典型管理经验

典型管理经验见表 9-25。

表 9-25 典 型 管 理 经 验

工期及造价	管理重点
实施过程中建筑物处于在运行状态，项目开工至竣工共计实施 15d，施工结算金额为 18.2 万元	（1）产品质量：应注意检查加压送风口的功能，如自动开启 / 关闭、手动开启 / 关闭、手动复位、信号输出、远距离控制等。 （2）送风口安装：安装风口前必须检查操动机构是否完好，动作是否灵活、有效。 （3）加压送风机：加压送风机的设置，不应影响火灾发生时人员疏散。 （4）注意事项：对设备的选型要充分考虑环保节能等方面性能

6. 选用清单

选用清单见表 9-26。

表 9-26 选 用 清 单

序号	子目名称	单位	工程量
1	机械加压风机	台	2
2	机械加压送风风管	m	27
3	送风口	个	2
4	防烟阀	个	2

（二）案例二：排烟系统典型设计

1. 项目名称

国网北京 ×× 供电公司 ×× 综合楼空调通风分系统冷却塔和地下一层消防排烟系统改造。

2. 设计依据

（1）《民用建筑供暖通风与空气调节设计规范》（GB 50736—2012）。
（2）《建筑节能工程施工质量验收标准》（GB 50411—2019）。
（3）《通风与空调工程施工质量验收规范》（GB 50243—2016）。
（4）《工业建筑供暖通风与空气调节设计规范》（GB 50019—2015）。
（5）《民用建筑隔声设计规范》（GB 50118—2010）。
（6）《供热计量技术规程》（JGJ 173—2009）。
（7）《建筑给水排水及采暖工程施工质量验收规范》（GB 50242—2002）。
（8）《蒸气压缩循环冷水（热泵）机组　第 2 部分：户用及类似用途的冷水（热泵）机组》（GB/T 18430.2—2016）。

3. 建筑现状及维修改造内容

建筑现状及维修改造内容见表 9-27。

表 9-27　建筑现状及维修改造内容

建筑信息	维修改造原因	维修改造规模及主要内容
国网北京 ×× 供电公司 ×× 综合楼建于 1996 年，建筑面积 1905.56m^2，共 3 层，其中地上 2 层，地下 1 层，框架结构，主要用途为人员办公	综合楼地下一层未设置消防排烟系统，根据相关消防规范要求，当总建筑面积大于 200m^2 且经常有人员停留时，应该增加消防排烟系统	本项目主要是对综合楼地下一层消防排烟系统进行改造，主要内容为增加消防排烟系统

4. 设计方案

设计方案见表 9-28。

表 9-28　设 计 方 案

技术方案	示意图
（1）排烟管道：排烟管道采用镀锌钢板加工制作，与可燃物保持不小于 150mm 的距离。 （2）排烟防火阀：排烟防火阀安装在机械排烟系统的管道上，平时呈开启状态，火灾时当排烟管道内温度达到 280℃时关闭，并在一定时间内能满足漏烟量和耐火完整性要求，起隔烟阻火作用。 （3）排烟口：排烟口安装在机械排烟系统的风管（风道）侧壁上作为烟气吸入口，平时呈关闭状态并满足允许漏风量要求，火灾或需要排烟时手动或电动打开起排烟作用的阀门。 主要用材及设备：对综合楼地下一层增加高温排烟风机 2 台、排烟风机控制柜 1 台；增加防火阀、排烟风口、百叶风口等；增加排烟管道 $88m^2$	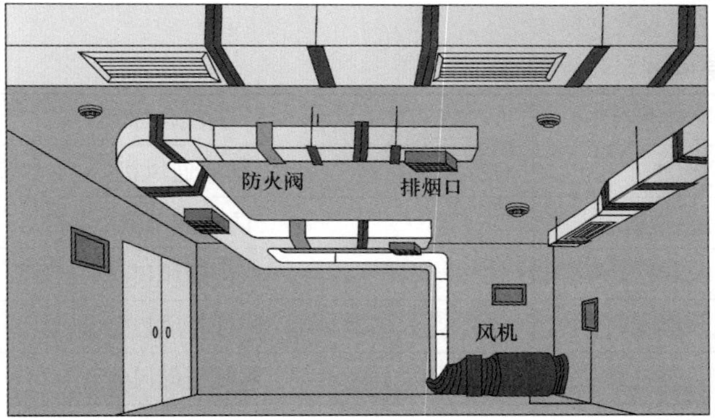 排烟系统

5. 典型管理经验

典型管理经验见表 9-29。

表 9-29　典 型 管 理 经 验

工期及造价	管理重点
实施过程中建筑物处于在运行状态，项目开工至竣工共计实施 28d，施工结算金额为 22.78 万元	（1）设计要求：要求设计院进行系统设计时，注意机械加压送风系统的设计风量不应小于计算风量的 1.2 倍，排烟管道设计风速不应大于 20m/s。 （2）产品要求：排烟风机应保证在 280℃的环境条件下能连续工作不少于 30min。 （3）排烟管道：排烟管道采用不燃材料制作，内壁应光滑，送风管道的厚度应符合设计要求，并采取隔热防火措施或与可燃物保持不小于 150mm 的距离。 （4）注意事项：①地下室一般设有设备吊装口，排烟风道应避让吊装口，以免其他设备今后改造时无法进行吊装；②对设备的选型要充分考虑环保节能等方面性能

6. 选用清单

选用清单见表 9-30。

表 9-30 选 用 清 单

序号	子目名称	单位	工程量
1	轴流通风机	台	2
2	防火调节阀	个	6
3	排烟风口	个	8
4	百叶风口	个	2
5	钢板矩形风管	m^2	88
6	控制箱	台	1
7	电缆	m	395